CB140291

Este planner pertence a

____

Comece por aqui

O tempo todo nós contamos o tempo, mesmo sem perceber. O quanto temos de esperar para que um ônibus chegue, os horários das aulas, o tempo de um trajeto de bicicleta, os minutos de cada episódio da nossa séria favorita o intervalo da escola. Saber que horas são, ou em que momento do ano estamos, é muito importante para que decidamos o que fazer a seguir (se falta uma hora para o culto, é melhor começar a se aprontar) e para gerenciar nossas expectativas (saber que as férias estão logo ali nos ajuda a encarar a semana de provas).

Apesar de não ser cronometrado, a natureza também tem seu tempo. A duração de um dia é o tempo que a Terra leva para dar uma volta em torno de si. O ciclo menstrual chega todo mês e dura uma determinada quantidade de dias. O crescimento de uma árvore não acontece de um dia para o outro, e comer uma manga que foi colhida antes da hora com certeza deixa um gosto azedo na boca.

A nossa vida também está mais ou menos separada em porções de tempo. Você ser adolescente ou criança quer dizer que você já comemorou uns quinze ou oito aniversários, respectivamente. Isso também molda nossas atitudes: espernear no mercado é totalmente normal quando se tem cinco anos; fazer isso aos vinte e cinco é, no mínimo, incomum.

Ainda que todas essas formas de pensar o tempo sejam naturais e necessárias, há outras maneiras de fazer isso. Podemos pensar, por exemplo, em **estações**: uma garota que está fazendo cursinho pré-vestibular vive um momento de intenso trabalho. Alguém que acabou de sair de férias, por outro lado, está num período de descanso. Reconhecer essas estações na nossa própria vida também é importante, porque **entender que tipo de momento estamos vivendo nos ajuda a saber *como* devemos vivê-lo**. É bobagem querer estudar nas férias, e é uma bobagem ainda maior *não* estudar durante o ano letivo.

Assim como Deus determinou um período para que as folhas de uma árvore caiam, e um outro para que elas floresçam, ele indicou um período adequado para cada coisa da vida humana. Um período para trabalhar, outro para descansar; um período para festejar, outro para lamentar. Deus quer que vivamos todos esses momentos para que nos tornemos um certo tipo de pessoa: alguém que sabe colocar a mão na massa, mas que também aproveita os momentos de lazer; alguém que se alegra com boas notícias, mas que também se solidariza e chora quando algo triste acontece.

Quando vivemos esses momentos sem pressa, somos capazes de aprender tudo o que Deus deseja que aprendamos em cada estação. E, acredite, todo esse "aprende isso" e "aprende aquilo" é necessário para que, um dia, nos encontremos com Deus. A Bíblia nos ensina que Jesus é o nosso noivo, e nós somos sua noiva. Pode parecer uma imagem diferente, mas é a maneira que Deus usa para nos mostrar a união eterna que teremos com ele. Cada aprendizado aqui na terra é como se fosse uma preparação para esse encontro. Assim como uma noiva se prepara com cuidado para o casamento, nós nos preparamos espiritualmente, dia a dia, para estar com Jesus.

Para além dessa esperança futura, **aprender com as estações também é necessário para viver o agora**. Todos nós, cristãos e não cristãos, vivemos momentos de expectativa, tristeza, trabalho intenso, descanso ou frustração. Contudo, a forma como cada um vive esses períodos é diferente. Com a leitura da Bíblia, os sermões aos domingos e a convivência com irmãos, o cristão aprende uma série de coisas que o ajudam a viver cada estação com mais propósito. Nós encontramos certezas nas Escrituras quando sentimos insegurança; somos consolados quando passamos por algo triste; somos orientados quando não sabemos que passo dar a seguir.

Esses aprendizados não ficam apenas com a gente: podemos ajudar outros, compartilhar o que recebemos, distribuir o fruto do nosso trabalho. Aliás, não sei se você já percebeu, mas tudo o que Deus faz tem um propósito coletivo.

No final do dia, viver cada estação de forma intencional é, simplesmente, viver de forma fiel a Deus.

O QUE ESTE PLANNER OFERECE

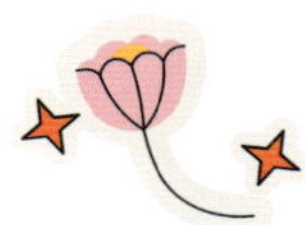

Meu Plano Perfeito: Florescer é um espaço para que você possa organizar e refletir sobre seu tempo de maneira intencional. Nele, além de poder planejar seu cotidiano de forma personalizada e muito mais organizada, você será estimulada a fazer movimentos orientados para duas direções:

1. **O futuro — o planejamento**: o planner não é datado, e é dividido em doze meses, sendo que cada mês oferece espaço para organização mensal e diária. Nessas abas, você pode anotar seus compromissos, fazer *checklists* de atividades, organizar suas tarefas e responsabilidades, rastrear seus hábitos e muito mais.

2. **O passado — o registro**: no decorrer do ano, incentivamos você a usar as páginas disponíveis para registrar seus pensamentos, dias importantes, colar fotos ou lembranças de lugares que visitou, escrever seus devocionais e mais. Você também encontrará uma aba livre no final, que pode usar como quiser.

Enquanto você planeja os próximos passos e registra aqueles que já deu, convidamos você a pensar, a cada mês, sobre as estações da vida. Essas reflexões estão separadas em quatro ciclos, que acompanham o desenvolvimento de uma planta: os primeiros três meses têm como tema o plantio da semente; os próximos três, a rega da muda; depois, falamos sobre ervas daninhas; e, por fim, nos últimos três meses, pensamos sobre a colheita dos frutos. A intenção é que, com essas ferramentas, você seja capaz de reconhecer as estações de sua própria vida e, assim, seja fiel a Deus em cada uma delas.

ANTES DE INICIAR, QUE TAL ORAR?

A oração é uma conversa com Deus. É uma oportunidade para apresentar a ele o nosso pedido, mas também para expressar arrependimento, gratidão e louvor. Apesar de ser algo que aparentemente fazemos sozinhas, saiba que Deus sempre nos ouve. Esta é uma oração sugerida. Use a página seguinte para escrever a sua oração pessoal.

Senhor Deus,

Entendo que o senhor é o criador de todas as coisas. Como criador, o senhor quis que tudo tivesse seu próprio tempo — tanto as coisas da natureza, como as coisas do meu próprio corpo e de todas as áreas da minha vida. Sei que o senhor deseja o melhor para mim, e, por isso, quer que eu viva plenamente cada estação da vida — seja ela feliz ou triste.

Peço a sua ajuda para não ter pressa, para reconhecer o momento que vivo e para agir de acordo com ele. Me dê forças quando for hora de trabalhar, tranquilidade quando for hora de descansar e paciência quando eu tiver de esperar.

Em nome de Jesus,

Amém.

ESCREVA AQUI A SUA

oração

Palavras de incentivo

Que tal pedir a pessoas próximas que escrevam nesta página palavras de incentivo para este ano? Se você preferir, pode preencher o espaço com versículos encorajadores ou outras frases de ânimo. No decorrer do ano, volte a esta página sempre que precisar de um pouco de ânimo.

MEU ANO

Escreva o nome do mês conforme for utilizando o planner

MÊS:

25	aniversário da minha mãe

MÊS:

MÊS:

"Busquem, em primeiro lugar, o reino de Deus e a sua justiça, e todas essas coisas lhes serão dadas. — Mateus 6:33 (NVT)"

MÊS:

MÊS:

MÊS:

MEU ANO

MÊS:

MÊS:

MÊS:

MÊS:

MÊS:

MÊS:

Meu aniversário de .... anos

É dia de festa! Use estas páginas para registrar as comemorações do seu aniversário, colar fotos e recolher depoimentos de pessoas especiais.

"Tu criaste o íntimo do meu ser e me teceste no ventre de minha mãe. Eu te louvo porque me fizeste de modo especial e admirável. Tuas obras são maravilhosas! — Salmos 139:13-14 (NVI)"

Autocuidado

A vida pode ser uma verdadeira maratona. Todos os dias somos sobrecarregadas com demandas de estudo, trabalho, de atenção à família e as mais diversas obrigações que parecem nunca ter fim. No entanto, reservar um tempo para pensar em nós mesmas é imprescindível para alcançar o equilíbrio da saúde física, mental e espiritual.

Pode parecer óbvio, mas, na correria cotidiana, são justamente as práticas mais simples de autocuidado que deixamos de lado. Mas também são essas pequenas ações que, quando praticadas de forma consistente, ajudam a manter a sua saúde em dia.

Veja, a seguir, algumas dicas para você que tem dúvida do que fazer para se cuidar melhor. Se preciso, a página de controle de hábitos mensal vai te ajudar a incorporar essas práticas em sua rotina.

Lembre-se que as ações de autocuidado englobam tudo aquilo que te faz bem e vão além de apenas cuidar da parte externa do corpo, como cabelo e *skin care*. Elas também estão relacionadas a questões mentais, emocionais, espirituais e sociais.

Cultive seu relacionamento com Deus. Conectar-se com o Senhor é essencial na caminhada cristã e, assim como qualquer amizade, sua relação com Deus precisa de atenção. Reserve um tempo diário para orar, ler a Bíblia e refletir sobre a Palavra. Deus está sempre presente para ouvir, guiar e confortar.

Exercite-se com regularidade. A prática de atividades físicas diminui a ansiedade e a depressão, reduz a incidência de doenças crônicas, ajuda a melhorar o sono, promove o relaxamento, dentre outros tantos benefícios.

Sono em dia. Relaxe a mente e procure dormir, pelo menos, de seis a oito horas por noite. Evite o uso de telas duas horas antes de ir pra cama.

Respira e não pira. Atividades como meditar e fazer terapia são importantes para incluir em sua rotina de autocuidado, pois melhoram a saúde emocional e mental.

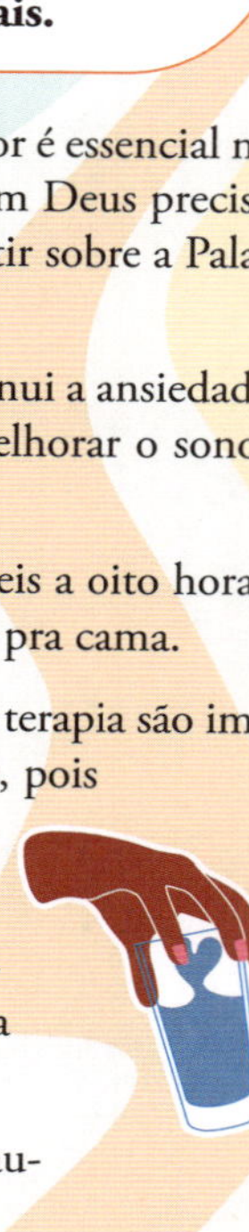

Atenção aos sinais do seu corpo. Sempre que sentir que algo não está bem, fale com seus responsáveis e procure ajuda. Faça consultas e exames periódicos com médicos e tenha cuidado com a automedicação e com o uso de remédios fora da data de validade.

Tenha uma boa alimentação e hidrate-se. Consuma alimentos saudáveis e nutritivos regurlamente e beba bastante água.

Desenvolva amizades intencionais. Escolha cuidadosamente quem participa de sua vida. Amizades alicerçadas em princípios bíblicos vão além do superficial, promovendo amor, verdade e apoio mútuo. Procure ter amigos que te inspirem a melhorar e a viver de acordo com a vontade de Deus.

MEU CICLO

Utilize lápis ou canetas coloridas para marcar os dias da sua menstruação. Com outras cores, você pode marcar seus dias de TPM, sua ovulação e outros.

LEGENDA

☐ ______

☐ ______

☐ ______

MÊS	1	2	3	4	5	6	7	8	9	10	11	12	13	14	15	16	17	18	19	20	21	22	23	24	25	26	27	28	29	30	31

GRADE HORÁRIA

faixa horária	segunda	terça	quarta	quinta	sexta

GRADE HORÁRIA

faixa horária	segunda	terça	quarta	quinta	sexta

Anotações

PRIMEIRA ESTAÇÃO

Plantando a semente

O trabalho

Reconhecer uma fase de "plantio" pode ser meio óbvio: você está estudando para uma prova, praticando um instrumento ou, talvez, trabalhando para juntar dinheiro. Apesar de vivermos momentos em que *claramente* estamos semeando algo — se esforçando para conquistar um objetivo —, a verdade é que todos plantamos algo o tempo todo.

O plantio é cada iniciativa que temos nas diversas áreas da nossa vida. Quando você se dispõe a acompanhar sua mãe no mercado, está plantando companheirismo. Quando conta uma mentira aos seus pais, está semeando desconfiança. Quando nunca aceita um convite para sair com colegas da escola ou com meninas da igreja, tem boas chances de estar plantando solidão.

Seja uma amizade ou uma aprovação no vestibular, plantar sempre dá trabalho. Talvez você tenha ouvido por aí que o trabalho é consequência da Queda (ou seja, do pecado de Adão e Eva), e que por isso é algo ruim. Mas a história não é bem assim: a primeira pessoa que aparece trabalhando na Bíblia é o próprio Deus!

Logo no primeiro capítulo de Gênesis, lemos que Deus criou o mundo inteiro em seis dias e, no sétimo, descansou. Quando criou o ser humano, ele disse: "Façamos os seres humanos à nossa imagem, conforme a nossa semelhança" (Gênesis 1:26a – NVI). Isso significa que carregamos certas similaridades com nosso criador, entre elas, o fato de sermos trabalhadores. Neste capítulo de Gênesis também lemos que Deus teve prazer em criar — a cada nova coisa criada, "Deus viu que isso era bom". Ou seja, Deus não apenas colocou a mão na massa, como se alegrou com o resultado de seu trabalho!

É claro que, com a Queda, toda a criação foi afetada. O trabalho passou a ser cansativo, frustrante e decepcionante. Mas calma lá! Deus é especialista em usar situações ruins para o nosso bem. Ele ainda deseja que trabalhemos e, mais que isso, ele nos abençoa com o nosso trabalho e o utiliza como ferramenta para restaurar o mundo a nossa volta. O tempo que você dedica aos estudos é o que abre portas para o seu futuro e para as oportunidades que Deus reservou para sua vida. O esforço que você coloca em ajudar nas tarefas de casa contribui para o bem-estar e harmonia de sua família, refletindo o cuidado que Deus quer que tenhamos uns com os outros. O trabalho de se dedicar a uma atividade extracurricular é o que desenvolve talentos e habilidades que podem ser usados para glorificar a Deus e servir aos outros.

Além disso, o compromisso em servir na igreja, seja no ministério de louvor, na escola dominical ou em qualquer outra área, é uma forma de abençoar a vida de outras pessoas e fortalecer nossa própria fé.

Cada um de nós, com seu conjunto particular de talentos, pode ser um instrumento para que Deus traga mais beleza, justiça e amor ao mundo.

Então, dê tchau à preguiça e mãos à obra!

PARA CONTINUAR PENSANDO NISSO

Leia:

Gênesis 1 e 3

Eclesiastes 1:1–8

Isaías: 64:4

Outras leituras:

O Hobbit, J.R.R. Tolkien

ANOTAÇÕES

ANOTAÇÕES

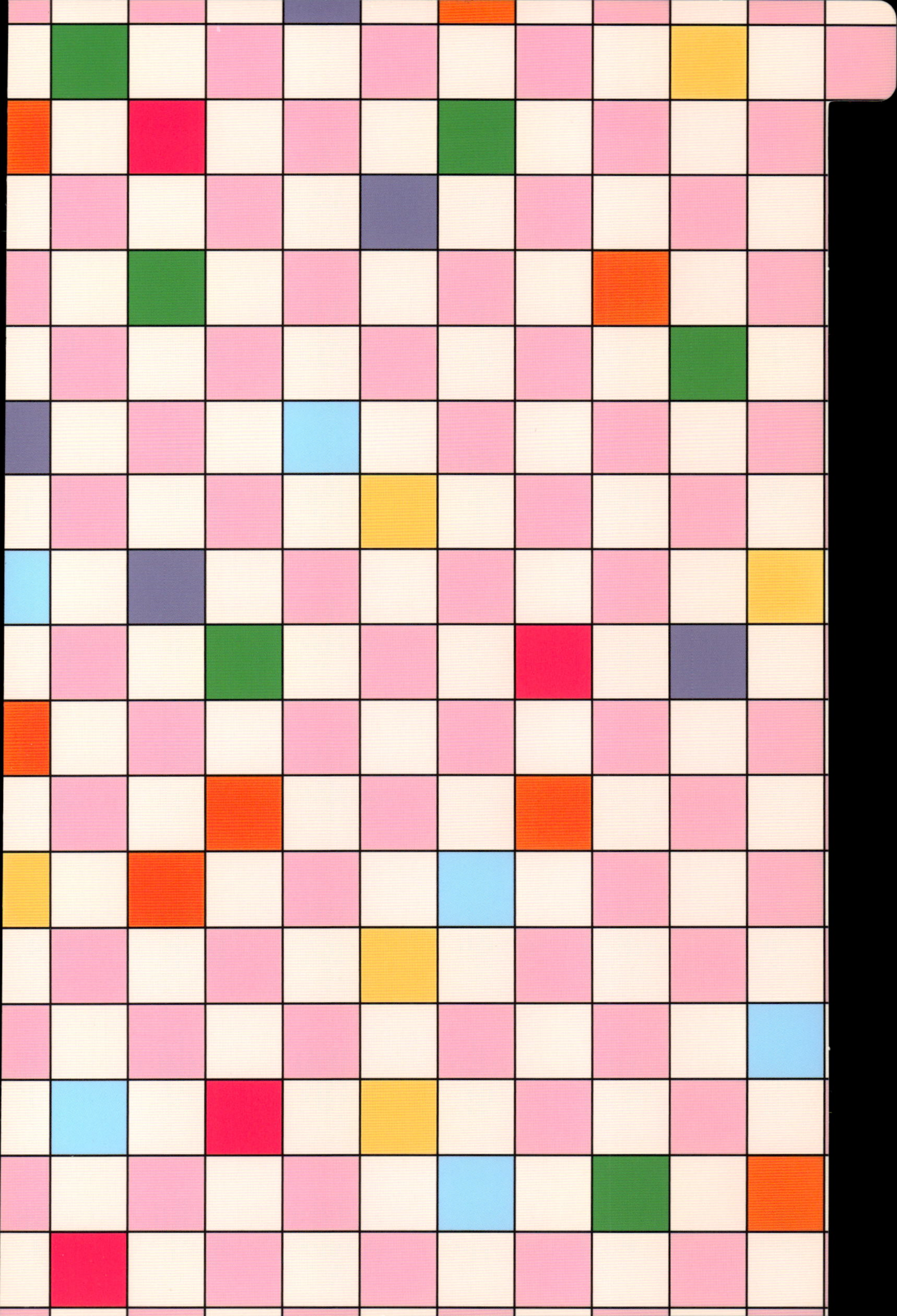

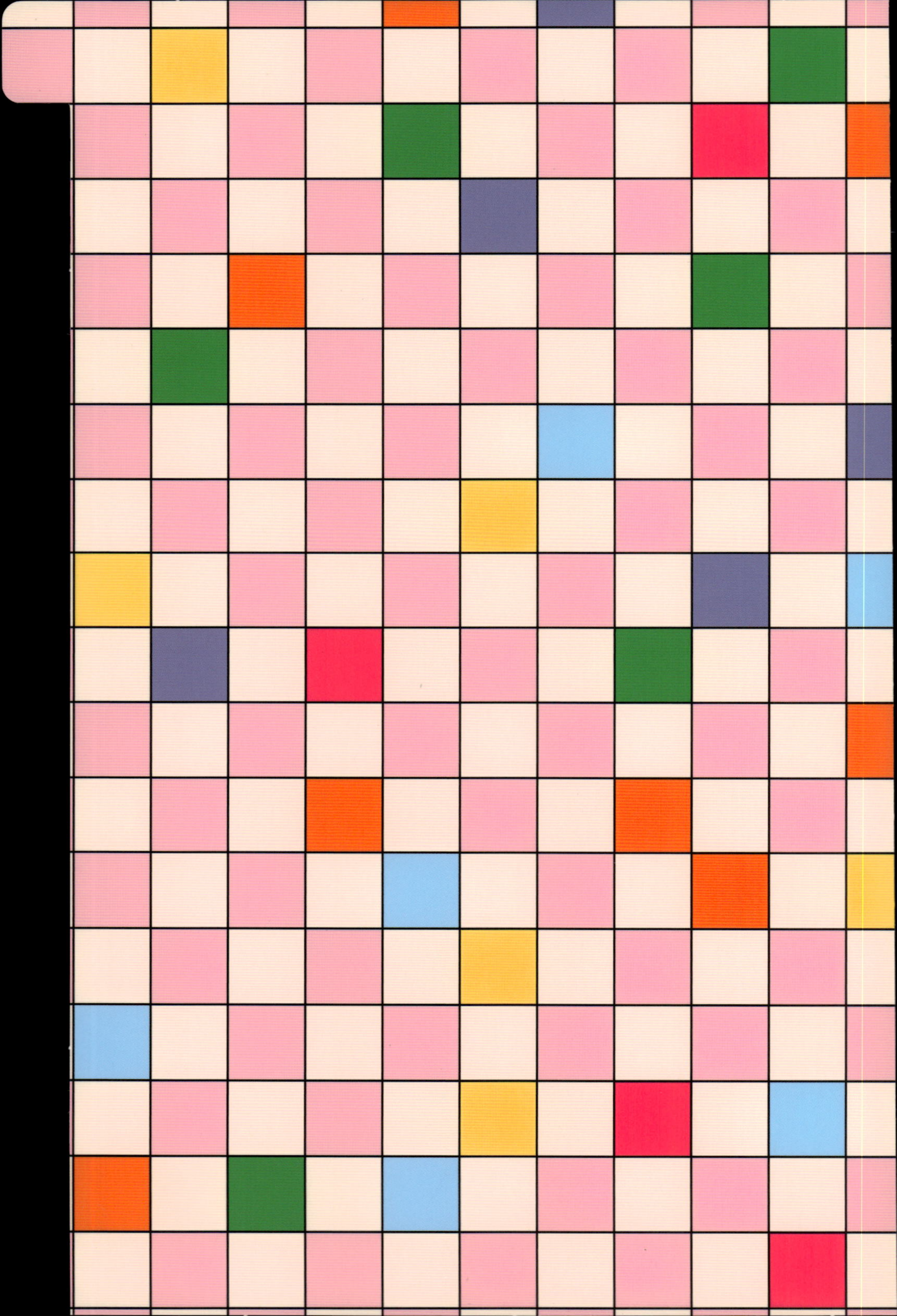

ESCREVA OU COLE O NOME DO MÊS NESTA ÁREA

Escolha a semente

Não dá para colher manga de um limoeiro, ou esperar que rosas nasçam de uma semente de girassol. Precisamos plantar a semente de acordo com o queremos colher — em outras palavras, precisamos ser intencionais. Neste momento, vamos "conjugar" a intencionalidade em dois tempos: o passado e o futuro.

• **O que você tem semeado?** Para descobrir, basta olhar para o que você está colhendo agora. Pense no que há de bom na sua vida: uma amizade ou namoro, uma habilidade (como tocar o violão), talvez até uma comida (aquela lasanha que só você consegue fazer). Que atitudes você teve de tomar, no passado, para desfrutar dessas coisas hoje? Agora, olhe para as experiências de que você não gosta: talvez seu relacionamento com seus pais não seja bom, seu boletim esteja vermelho, seus maus hábitos alimentares estejam prejudicando a sua saúde. Quais atitudes você tomou — e continua tomando — que resultam em frutos ruins?

• **O que você deseja semear?** Pense naquilo que você deseja colher no futuro. Antes de começar a traçar planos, é importante dar uma pausa e pensar se o que você está querendo plantar é bom. Você pode testar a sua semente com algumas perguntas:

1. Por que desejo isso? (Pense nos sentimentos que te motivam e procure refletir se eles são puros e alinhados com os valores cristãos.)

2. É algo que agrada a Deus? (Procure algum versículo que apoie o que você deseja fazer, pois é um sinal de que você está no caminho certo.)

3. Como posso servir os outros com o resultado do meu plantio? (Pensar nos outros, e não apenas em si mesma, reflete um coração generoso e disposto a seguir o exemplo de Jesus.)

Depois que sua semente passar no teste, é hora de pensar em que atitudes você precisa tomar para que ela cresça e floresça.

Para além de objetivos pessoais, todo cristão é chamado a plantar determinadas sementes. Deus, o nosso criador, tem diversas virtudes, como o amor, a paciência, a alegria, a bondade e a fidelidade. Ele deseja que nós tenhamos essas mesmas qualidades. Não é o tipo de coisa que vamos conseguir apenas com nosso esforço, razão pela qual Deus nos deu um auxiliador: o Espírito Santo. E, é claro, Deus também estabeleceu a igreja, uma comunidade na qual podemos crescer com o aconselhamento de pessoas mais velhas e a companhia de amigos que buscam as mesmas coisas que a gente.

Leia também:

Gálatas 5:16–26

É hora de arregaçar as mangas!

MEU MÊS

Para refletir

Escreva no espaço abaixo algo que você deseja plantar. Em seguida, liste três passos que você pode dar na direção desse objetivo.

Neste mês, eu quero...

Neste mês, eu preciso...

Visão do mês

domingo	segunda	terça	quarta	quinta	sexta	sábado
DIA						

Rastreio de hábitos

SEMANAL

HÁBITO	SEMANA				
	1	2	3	4	5

DIÁRIO

HÁBITO	1	2	3	4	5	6	7	8	9	10	11
	12	13	14	15	16	17	18	19	20	21	22
	23	24	25	26	27	28	29	30	31		

HÁBITO	1	2	3	4	5	6	7	8	9	10	11
	12	13	14	15	16	17	18	19	20	21	22
	23	24	25	26	27	28	29	30	31		

HÁBITO	1	2	3	4	5	6	7	8	9	10	11
	12	13	14	15	16	17	18	19	20	21	22
	23	24	25	26	27	28	29	30	31		

HÁBITO	1	2	3	4	5	6	7	8	9	10	11
	12	13	14	15	16	17	18	19	20	21	22
	23	24	25	26	27	28	29	30	31		

HÁBITO	1	2	3	4	5	6	7	8	9	10	11
	12	13	14	15	16	17	18	19	20	21	22
	23	24	25	26	27	28	29	30	31		

PLANO DE ESTUDO MENSAL

PRIORIDADES

1

2

3

AVALIAÇÕES

MATÉRIA | DATA | NOTA

MATÉRIA	DATA	NOTA
	/	
	/	
	/	
	/	
	/	
	/	
	/	

TAREFAS

TAREFA | PRAZO

- [ ] ______ /
- [ ] ______ /
- [ ] ______ /
- [ ] ______ /
- [ ] ______ /
- [ ] ______ /
- [ ] ______ /

Lembretes semanais

domingo * DIA ______

segunda * ______

terça * ______

quarta *

quinta *

sexta *

sábado *

COMO FOI A SEMANA?

Circule o seu humor

Lembretes semanais

domingo * ________ DIA

segunda * ________

terça * ________

quarta * ______

quinta * ______

sexta * ______

sábado * ______

COMO FOI A SEMANA?
Circule o seu humor

Lembretes semanais

domingo *

DIA

segunda *

terça *

quarta * ______________

quinta * ______________

sexta * ______________

sábado * ______________

COMO FOI A SEMANA?
Circule o seu humor

Lembretes semanais

domingo * DIA ____________

segunda * ____________

terça * ____________

quarta * ______

quinta * ______

sexta * ______

sábado * ______

COMO FOI A SEMANA?

Circule o seu humor

Lembretes semanais

domingo * DIA ______

segunda * ______

terça * ______

quarta *

quinta *

sexta *

sábado *

COMO FOI A SEMANA?
Circule o seu humor

Lembretes semanais

domingo * ____________ DIA

segunda * ____________

terça * ____________

quarta * __________

quinta * __________

sexta * __________

sábado * __________

COMO FOI A SEMANA?
Circule o seu humor

Destaques do mês

O QUANTO CONSEGUI SER INTENCIONAL NOS OBJETIVOS DESTE MÊS?

#honestidade

MOTIVOS DE **gratidão**

Melhores do mês

Livros, filmes e séries

_______________ ☆☆☆☆☆

_______________ ☆☆☆☆☆

_______________ ☆☆☆☆☆

_______________ ☆☆☆☆☆

_______________ ☆☆☆☆☆

_______________ ☆☆☆☆☆

_______________ ☆☆☆☆☆

ESCREVA OU COLE O NOME DO MÊS NESTA ÁREA

Cultive com fé

Quando um agricultor inicia o plantio, não há nem sinal daquilo que a semente se tornará — tudo que ele vê é a terra. Apesar de já ter colocado um bocado de esforço ali — preparando o solo, cavando e plantando a semente — os primeiros frutos de seu trabalho ainda vão demorar a aparecer.

Ao traçarmos um objetivo, o resultado também está fora do nosso campo de visão. Você começa a se exercitar hoje e só vê as diferenças em seu corpo daqui a alguns meses. Você se propõe a aprender uma nova língua: então, precisa conhecer o básico, aprender os verbos, memorizar o vocabulário — e lá se vão meses, quem sabe anos, até conseguir ler todo um livro nesse outro idioma.

Plantar sem ver os frutos é o que a Bíblia chama de ter fé. É por isso que Abraão é conhecido como "o pai da fé": ele obedeceu a ordem de Deus de sair da terra onde morava, ainda que não soubesse qual era o destino (leia a história dele a partir de Gênesis 12). A definição mais conhecida de fé se encontra no Novo Testamento: "fé é a confiança daquilo que esperamos e a certeza das coisas que não vemos" (Hebreus 11:1 – NVI). Quando plantamos novas sementes em nossa vida, também precisamos ter esse tipo de confiança.

Isso não significa que "basta acreditar" para que seu sonho se torne realidade. Deus não é um gênio da lâmpada que concede todos os nossos desejos. Afinal, nem tudo o que desejamos é bom (lembra do teste da semente, do mês anterior?). Ter fé é depositar nossas esperanças em Deus — confiar que, apesar de nós mesmas não conseguirmos enxergar o nosso futuro, ele o enxerga. Ele é o Deus que produz frutos a partir dos nossos, que planeja grandes coisas para nós, ainda que nada disso esteja diante de nossos olhos.

Leia também:

O Leão, a Feiticeira e o Guarda-roupa, C.S. Lewis

MEU MÊS

Para refletir

Sabemos que Deus deseja boas coisas para nós, pois é isso o que ele nos diz em sua Palavra. Como exercício de fé, procure na Bíblia por versículos que expressem isso e anote aqui as referências.

Neste mês, eu quero...

Neste mês, eu preciso...

Visão do mês

domingo	segunda	terça	quarta	quinta	sexta	sábado
DIA						

Rastreio de hábitos

SEMANAL

HÁBITO	SEMANA				
	1	2	3	4	5

DIÁRIO

HÁBITO	1	2	3	4	5	6	7	8	9	10	11
	12	13	14	15	16	17	18	19	20	21	22
	23	24	25	26	27	28	29	30	31		

HÁBITO	1	2	3	4	5	6	7	8	9	10	11
	12	13	14	15	16	17	18	19	20	21	22
	23	24	25	26	27	28	29	30	31		

HÁBITO	1	2	3	4	5	6	7	8	9	10	11
	12	13	14	15	16	17	18	19	20	21	22
	23	24	25	26	27	28	29	30	31		

HÁBITO	1	2	3	4	5	6	7	8	9	10	11
	12	13	14	15	16	17	18	19	20	21	22
	23	24	25	26	27	28	29	30	31		

HÁBITO	1	2	3	4	5	6	7	8	9	10	11
	12	13	14	15	16	17	18	19	20	21	22
	23	24	25	26	27	28	29	30	31		

PLANO DE ESTUDO MENSAL

PRIORIDADES

1

2

3

AVALIAÇÕES

MATÉRIA | DATA | NOTA

	/	
	/	
	/	
	/	
	/	
	/	
	/	

TAREFAS

TAREFA | PRAZO

- [ ] /
- [ ] /
- [ ] /
- [ ] /
- [ ] /
- [ ] /
- [ ] /

Lembretes semanais

domingo * DIA

segunda *

terça *

quarta * ___________

quinta * ___________

sexta * ___________

sábado * ___________

COMO FOI A SEMANA?
Circule o seu humor

Lembretes semanais

domingo *

DIA

segunda *

terça *

quarta * ______

quinta * ______

sexta * ______

sábado * ______

COMO FOI A SEMANA?
Circule o seu humor

Lembretes semanais

domingo * DIA

segunda *

terça *

quarta * ____________

quinta * ____________

sexta * ____________

sábado * ____________

COMO FOI A SEMANA?
Circule o seu humor

Lembretes semanais

domingo * DIA ____________

segunda * ____________

terça * ____________

quarta * ____________

quinta * ____________

sexta * ____________

sábado * ____________

COMO FOI A SEMANA?
Circule o seu humor

Lembretes semanais

domingo * DIA ____________

segunda * ____________

terça * ____________

quarta * ____________

quinta * ____________

sexta * ____________

sábado * ____________

COMO FOI A SEMANA?

Circule o seu humor

Lembretes semanais

domingo * DIA ____________

segunda * ____________

terça * ____________

quarta * ____________

quinta * ____________

sexta * ____________

sábado * ____________

COMO FOI A SEMANA?
Circule o seu humor

Destaques do mês

O QUANTO CONSEGUI SER INTENCIONAL NOS OBJETIVOS DESTE MÊS?

#honestidade

MOTIVOS DE
gratidão

Melhores do mês
Livros, filmes e séries

_______________ ☆☆☆☆☆

_______________ ☆☆☆☆☆

_______________ ☆☆☆☆☆

_______________ ☆☆☆☆☆

_______________ ☆☆☆☆☆

_______________ ☆☆☆☆☆

_______________ ☆☆☆☆☆

ESCREVA OU COLE O NOME DO MÊS NESTA ÁREA

Você não controla a chuva

Antes que você saia por aí cheia de preocupações, correndo para dar conta de tudo, colocando todas as suas forças no plantio da sua semente, temos uma notícia: não, você não vai salvar o mundo, não vai resolver todos os problemas de relacionamento da sua família, não vai conseguir tudo o que quer na vida — não apenas com seus próprios esforços.

Lá atrás, no texto que abriu este primeiro ciclo, mencionamos que o trabalho das nossas mãos pode restaurar o mundo ao nosso redor. Em um dos textos mais anteriores ainda, falamos sobre como Deus trabalha e deseja que nós trabalhemos. Também discutimos sobre como é importante ter fé quando iniciamos nosso plantio. Tudo isso é verdade, mas, quando traçamos planos, é necessário ter algo em mente: não está em nossas mãos fazer acontecer.

Daí talvez você pense: "É melhor nem sair do sofá, já que não depende de mim!" Mas as coisas não funcionam bem assim. Ainda que um agricultor dependa das chuvas e do sol para que sua plantação cresça, cabe a ele cuidar da terra e plantar a semente. Da mesma forma, o fato de que nem tudo depende de nós não exclui a necessidade de fazermos a nossa parte.

E, se quer saber, que bom que é assim! Já pensou se o seu futuro dependesse unicamente de você? Seria como apertar o *play* tendo apenas uma vida: um erro e, *game over*, você foi eliminada. Isso colocaria um peso gigantesco nas suas costas. Você teria de ser sua própria heroína — incansável, superpoderosa, perfeita. Mas, olha só que alívio, não precisamos salvar a nós mesmas! O grande trabalho — a maior empreitada da história — já foi realizado por Jesus. Ele, que é filho de Deus, veio ao mundo como humano. Por causa do nosso pecado — que teve início lá com Adão e Eva — ele morreu, para satisfazer a justiça de Deus. Afinal, alguém teria de pagar pelo mal do pecado. Toda a restauração do mundo começou com ele; nós, com nossos esforços, participamos dessa restauração e, enquanto isso, somos transformadas por Deus.

O nosso trabalho é guiado e sustentado por Deus: é ele quem nos dá o solo para cultivar e as ferramentas para arar a terra. Temos de plantar a semente, mas não controlamos a chuva. Por isso, não tenha medo do fracasso nem fique ansiosa achando que você precisa acertar todas as vezes.

Pode respirar. Nem tudo depende de você.

Leia também:

Mateus 6:25–34

Bem sei que tudo podes, Francine Walsh

MEU MÊS

Para refletir

Reserve um tempo em um lugar silencioso e procure refletir sobre coisas que te deixam ansiosa. Depois, anote aqui estratégias para lidar com esses momentos de ansiedade.

Neste mês, eu quero...

Neste mês, eu preciso...

Visão do mês

domingo	segunda	terça	quarta	quinta	sexta	sábado
DIA						

Rastreio de hábitos

SEMANAL

HÁBITO	SEMANA				
	1	2	3	4	5

DIÁRIO

HÁBITO	1	2	3	4	5	6	7	8	9	10	11
	12	13	14	15	16	17	18	19	20	21	22
	23	24	25	26	27	28	29	30	31		

HÁBITO	1	2	3	4	5	6	7	8	9	10	11
	12	13	14	15	16	17	18	19	20	21	22
	23	24	25	26	27	28	29	30	31		

HÁBITO	1	2	3	4	5	6	7	8	9	10	11
	12	13	14	15	16	17	18	19	20	21	22
	23	24	25	26	27	28	29	30	31		

HÁBITO	1	2	3	4	5	6	7	8	9	10	11
	12	13	14	15	16	17	18	19	20	21	22
	23	24	25	26	27	28	29	30	31		

HÁBITO	1	2	3	4	5	6	7	8	9	10	11
	12	13	14	15	16	17	18	19	20	21	22
	23	24	25	26	27	28	29	30	31		

PLANO DE ESTUDO MENSAL

PRIORIDADES

1

2

3

AVALIAÇÕES

MATÉRIA | DATA | NOTA

	/	
	/	
	/	
	/	
	/	
	/	
	/	

TAREFAS

TAREFA | PRAZO

- [ ] /
- [ ] /
- [ ] /
- [ ] /
- [ ] /
- [ ] /
- [ ] /

Lembretes semanais

domingo ✳ ____________ DIA

segunda ✳ ____________

terça ✳ ____________

quarta * ____________

quinta * ____________

sexta * ____________

sábado * ____________

COMO FOI A SEMANA?
Circule o seu humor

Lembretes semanais

domingo * DIA

segunda *

terça *

quarta * ____________

quinta * ____________

sexta * ____________

sábado * ____________

COMO FOI A SEMANA?
Circule o seu humor

Lembretes semanais

domingo * DIA ____________

segunda * ____________

terça * ____________

quarta *

quinta *

sexta *

sábado *

COMO FOI A SEMANA?
Circule o seu humor

Lembretes semanais

domingo * ____________ DIA

segunda * ____________

terça * ____________

quarta *

quinta *

sexta *

sábado *

COMO FOI A SEMANA?

Circule o seu humor

Lembretes semanais

domingo

DIA

segunda

terça

quarta * ____________

quinta * ____________

sexta * ____________

sábado * ____________

COMO FOI A SEMANA?
Circule o seu humor

Lembretes semanais

domingo * ________ DIA

segunda * ________

terça * ________

quarta * __________

quinta * __________

sexta * __________

sábado * __________

COMO FOI A SEMANA?

Circule o seu humor

Destaques do mês

O QUANTO CONSEGUI SER INTENCIONAL NOS OBJETIVOS DESTE MÊS?

#honestidade

MOTIVOS DE **gratidão**

Melhores do mês

Livros, filmes e séries

________________ ☆☆☆☆☆

________________ ☆☆☆☆☆

________________ ☆☆☆☆☆

________________ ☆☆☆☆☆

________________ ☆☆☆☆☆

________________ ☆☆☆☆☆

________________ ☆☆☆☆☆

SEGUNDA

ESTAÇÃO

Regando o broto

A espera

Você já deve ter ouvido por aí que vivemos em uma época imediatista, em que queremos tudo "pra ontem" ou que estamos acostumados a ter o mundo na palma da mão. Você pode achar que isso é papo de pessoas mais velhas, que adoram arrumar defeito em tudo. Mas, talvez, essas pessoas tenham razão.

Seja sincera: qual foi a última vez que você realmente teve de esperar por algo, sem distrações? Tipo quando precisa esperar o ônibus, mas faz isso sem ouvir música ou passear por alguma rede social. Como você se sente quando o pedido do delivery não chega dentro da previsão de entrega? Ou quando o aplicativo de carona demora demais para achar um motorista? O que você faz quando se sente entediada no almoço com a família: encara o tédio ou desliza a mão para o bolso em busca do celular?

Essa pressa toda deixou a gente tão mal-acostumada que ficamos frustradas quando não conseguimos acelerar as coisas. Afinal, ao contrário do que pode parecer, nem sempre dá para dobrar o tempo. Há certas experiências ou projetos que não podem ser apressados, com o risco de que sejam estragados. Talvez você tenha experimentado isso quando quis ir para alguns lugares ou usar certo tipo de maquiagem, e ouviu como resposta que ainda não tinha idade para essas coisas. Você até pode discordar, mas precisa reconhecer que há uma lógica na ponderação: existe um tempo certo para cada coisa.

A impaciência também nos impede de reconhecer as estações em que nos encontramos. Quando estamos focadas demais em conquistar um objetivo — e, claro, temos muita pressa para que isso aconteça —, talvez não percebamos que chegou a hora de esperar. Depois de preparar a terra e plantar a semente, um agricultor precisa aguardar o seu crescimento. Ele fez aquilo que cabia a si e, independentemente do tanto de esforço que coloque, não vai conseguir apressar o crescimento da planta. Um agricultor que tenta fazer com que a planta trabalhe de acordo com sua agenda pessoal é tão maluco quanto alguém que quer fazer com que o inverno dure menos com a força do pensamento.

Pode ser que ainda não seja a hora de ir a certos lugares, ou usar uma maquiagem específica, ou se mudar da casa de seus pais. Isso não significa que essas coisas nunca vão acontecer, mas que não vão acontecer agora. Pode ser que, no meio do caminho para realizar um sonho, você tenha de esperar. Seus pais não conseguem pagar aquele curso extra agora, você perdeu a data de inscrição para uma prova, a professora de balé não acha que você está pronta para começar a usar sapatilha de ponta. Precisamos fazer as pazes com o fato de que a nossa semente crescerá em seu próprio tempo. E é melhor assim.

Algo que reparamos com menos frequência é como nós mesmas não aguentamos toda essa velocidade. É como se a vida se tornasse uma *playlist* pop-eletrônica infinita, com batidas rápidas, que pedem que nossos pés sejam igualmente rápidos. A questão é que nosso corpo não consegue dançar o tempo todo. A gente até tenta acompanhar, mas logo começa a se perguntar quando uma música mais lenta vai tocar, queremos puxar uma cadeira e descansar.

A ansiedade em ter tudo-em-todo-lugar-e-no-meu-tempo não apenas estraga as experiências em si — da mesma forma que comer uma fruta que ainda não está madura deixa um gosto azedo na boca —, como é danosa para a nossa saúde física e mental.

Deus instituiu ritmos para a natureza e para nós também, e não apenas é impossível lutar contra eles, como é bobagem deixar de aprender com eles.

PARA CONTINUAR PENSANDO NISSO

Leia:

Eclesiastes 3:1–8

Salmos 37:7

Tiago 5:7–8

Outras leituras:

Enquanto Isso, Fernanda Witwytzky

ANOTAÇÕES

ANOTAÇÕES

ESCREVA OU COLE O NOME DO MÊS NESTA ÁREA

A planta não crescerá no nosso tempo

Falar de emoções ou comportamentos é como puxar o fio de uma roupa de tricô. A princípio, o fio parece pequeno, mas quanto mais você puxa, maior ele fica. Se continuar puxando, outros fios vão se soltar, e você acabará abrindo um buraco — ou desfazendo a roupa por inteiro. Na trama da espera, ou, melhor dizendo, da falta de disposição em esperar, inevitavelmente puxaremos os fios do controle, do medo e da confiança.

Isso porque a nossa impaciência está relacionada à necessidade que temos de estar no controle. Essa característica está mais ou menos presente em todos nós, dependendo da personalidade de cada um. Até certo ponto, ela é saudável, mas o seu excesso é ruim tanto para nós como para os que nos rodeiam: fazemos planos e ficamos muito frustradas com imprevistos; chefiamos todos os projetos em grupo (e frequentemente impomos a nossa vontade sobre outros); tentamos o tempo todo mediar qualquer briga ou resolver as insatisfações daqueles que nos rodeiam; ficamos impacientes quando a nossa vontade não se concretiza, ou demora mais tempo do que o planejado.

Essa necessidade de estar no controle nasce de um medo profundo: medo de não conseguir fazer tudo o que queremos; medo de uma nota ruim (ou mediana); medo de conflito... O tempo todo estamos com medo de que as coisas deem errado ou, no mínimo, que não correspondam ao nosso padrão de qualidade. Mas não somos superpoderosas, nem incansáveis, tampouco sabemos de tudo.

É aí que a confiança entra — não em nós mesmas, mas em Deus. Afinal, ele sabe de todas as coisas, nunca se cansa e é todo-poderoso. E o melhor de tudo: ele deseja o nosso bem. Em vários momentos da narrativa bíblica lemos que Deus nos ama e tem planos bons para a gente. Precisamos nos lembrar disso quando as situações fugirem do nosso controle (o que, com certeza, vai acontecer) e também quando nossa semente demorar a crescer.

Não se trata de "abrir mão do controle", mas de reconhecer que, na verdade, o controle nunca esteve em nossas mãos.

Leia também:

Tiago 4:13–15

O som do despertar, Francine Rivers

MEU MÊS

Para refletir

Você é do tipo que gosta de estar sempre no controle? Escreva aqui algumas situações cotidianas em que você tende a ser controladora. Em seguida, pense em estratégias para lidar com esses momentos de maneira mais paciente.

____

____

____

____

____

____

Neste mês, eu quero...

Neste mês, eu preciso...

Visão do mês

domingo	segunda	terça	quarta	quinta	sexta	sábado
DIA						

Rastreio de hábitos

SEMANAL

HÁBITO	SEMANA 1	2	3	4	5

DIÁRIO

HÁBITO											
	1	2	3	4	5	6	7	8	9	10	11
	12	13	14	15	16	17	18	19	20	21	22
	23	24	25	26	27	28	29	30	31		

HÁBITO											
	1	2	3	4	5	6	7	8	9	10	11
	12	13	14	15	16	17	18	19	20	21	22
	23	24	25	26	27	28	29	30	31		

HÁBITO											
	1	2	3	4	5	6	7	8	9	10	11
	12	13	14	15	16	17	18	19	20	21	22
	23	24	25	26	27	28	29	30	31		

HÁBITO											
	1	2	3	4	5	6	7	8	9	10	11
	12	13	14	15	16	17	18	19	20	21	22
	23	24	25	26	27	28	29	30	31		

HÁBITO											
	1	2	3	4	5	6	7	8	9	10	11
	12	13	14	15	16	17	18	19	20	21	22
	23	24	25	26	27	28	29	30	31		

PLANO DE ESTUDO MENSAL

PRIORIDADES

1

2

3

AVALIAÇÕES

MATÉRIA | DATA | NOTA

	/	
	/	
	/	
	/	
	/	
	/	
	/	

TAREFAS

TAREFA | PRAZO

- [ ] ____ /
- [ ] ____ /
- [ ] ____ /
- [ ] ____ /
- [ ] ____ /
- [ ] ____ /
- [ ] ____ /

Lembretes semanais

domingo * DIA ____________

segunda * ____________

terça * ____________

quarta

quinta

sexta

sábado

COMO FOI A SEMANA?

Circule o seu humor

Lembretes semanais

domingo * ____________ DIA

segunda * ____________

terça * ____________

quarta *

quinta *

sexta *

sábado *

COMO FOI A SEMANA?
Circule o seu humor

Lembretes semanais

domingo * DIA ____________

segunda * ____________

terça * ____________

quarta * ____________

quinta * ____________

sexta * ____________

sábado * ____________

COMO FOI A SEMANA?
Circule o seu humor

Lembretes semanais

domingo * DIA ____________

segunda * ____________

terça * ____________

quarta *

quinta *

sexta *

sábado *

COMO FOI A SEMANA?

Circule o seu humor

Lembretes semanais

domingo *

DIA

segunda *

terça *

quarta *

quinta *

sexta *

sábado *

COMO FOI A SEMANA?
Circule o seu humor

Lembretes semanais

domingo * DIA

segunda *

terça *

quarta *

quinta *

sexta *

sábado *

COMO FOI A SEMANA?
Circule o seu humor

Destaques do mês

O QUANTO CONSEGUI SER INTENCIONAL NOS OBJETIVOS DESTE MÊS?
#honestidade

MOTIVOS DE
gratidão

Melhores do mês
Livros, filmes e séries

________________________________ ☆☆☆☆☆

________________________________ ☆☆☆☆☆

________________________________ ☆☆☆☆☆

________________________________ ☆☆☆☆☆

________________________________ ☆☆☆☆☆

________________________________ ☆☆☆☆☆

________________________________ ☆☆☆☆☆

ESCREVA OU COLE O NOME DO MÊS NESTA ÁREA

Enquanto espera, você ainda precisa regar

Se você acha que esperar significa sentar no sofá e cruzar os braços (em outras palavras, se, para você, a espera é sinônimo de falta de movimento), você não está sozinha. Mas temos uma notícia: você está enganada. Enquanto esperamos, ainda há coisas acontecendo de dois jeitos diferentes.

Em primeiro lugar, tem algo acontecendo em nós: estamos sendo transformadas em um novo tipo de pessoa, capaz de viver a vida eterna. A espera é o momento em que Deus pausa a nossa *playlist* infinita e nos convida a dançar de acordo com sua própria música. Ele nos chama para sincronizar nossos passos com os dele. Quando somos forçadas a esperar, Deus está nos ensinando a viver de acordo com o tempo dele, e não com o nosso; ele está tornando o nosso coração mais paciente; está nos dizendo para confiar nele; está nos mostrando que não estamos no controle; está nos convidando a perceber coisas que a correria nos impede de enxergar. A espera é rica em movimentos internos!

Em segundo lugar, algo está ocorrendo *dentro* de nós: enquanto uma semente está em crescimento, o agricultor precisa regá-la continuamente. Para nós, isso significa que, durante a espera, devemos persistir em cultivar mesmo depois que nossa energia inicial acabar. Sim, é fundamental ter fé e se esforçar para semear um sonho; contudo, essa etapa costuma ser mais empolgante, pois tem o sabor da novidade. É depois de a semente ser plantada que somos confrontadas com a realidade de que os frutos podem demorar meses, ou até mesmo anos, para aparecerem. E, apesar disso, nosso trabalho ainda não acabou. As pequenas tarefas, repetidas a cada novo dia durante muito tempo, são tão importantes quanto o impulso inicial. Na vida cristã, por exemplo, essas atividades cotidianas incluem a leitura diária da Bíblia, a prática da oração e a participação regular nos cultos da igreja.

A espera é o momento maravilhoso em que Deus tanto nos convida a diminuir o ritmo como nos convoca a sermos constantes em nosso trabalho. Se apenas abaixarmos o volume da nossa música e deixarmos os ouvidos bem atentos, seremos capazes de aproveitar essa estação.

Leia também:

A escolha do verão, Sara Gusella

MEU MÊS

Para refletir

No primeiro mês, convidamos você a plantar uma semente. Para fazer com que ela cresça, quais novos hábitos você precisa adotar e manter? Registre sua resposta aqui.

Neste mês, eu quero...

Neste mês, eu preciso...

Visão do mês

domingo	segunda	terça	quarta	quinta	sexta	sábado
DIA						

Rastreio de hábitos

SEMANAL

HÁBITO	SEMANA				
	1	2	3	4	5

DIÁRIO

HÁBITO	1	2	3	4	5	6	7	8	9	10	11
	12	13	14	15	16	17	18	19	20	21	22
	23	24	25	26	27	28	29	30	31		

HÁBITO	1	2	3	4	5	6	7	8	9	10	11
	12	13	14	15	16	17	18	19	20	21	22
	23	24	25	26	27	28	29	30	31		

HÁBITO	1	2	3	4	5	6	7	8	9	10	11
	12	13	14	15	16	17	18	19	20	21	22
	23	24	25	26	27	28	29	30	31		

HÁBITO	1	2	3	4	5	6	7	8	9	10	11
	12	13	14	15	16	17	18	19	20	21	22
	23	24	25	26	27	28	29	30	31		

HÁBITO	1	2	3	4	5	6	7	8	9	10	11
	12	13	14	15	16	17	18	19	20	21	22
	23	24	25	26	27	28	29	30	31		

Visão do mês

domingo	segunda	terça	quarta	quinta	sexta	sábado
DIA						

Lembretes semanais

domingo * ______ DIA

segunda * ______

terça * ______

quarta * ______

quinta * ______

sexta * ______

sábado * ______

COMO FOI A SEMANA?

Circule o seu humor

Lembretes semanais

domingo * DIA ______

segunda * ______

terça * ______

quarta * ______

quinta * ______

sexta * ______

sábado * ______

COMO FOI A SEMANA?
Circule o seu humor

Lembretes semanais

domingo * DIA

segunda *

terça *

quarta * ___________

quinta * ___________

sexta * ___________

sábado * ___________

COMO FOI A SEMANA?
Circule o seu humor

Lembretes semanais

domingo * DIA

segunda *

terça *

quarta *

quinta *

sexta *

sábado *

COMO FOI A SEMANA?
Circule o seu humor

Lembretes semanais

domingo * DIA ____________

segunda * ____________

terça * ____________

quarta *

quinta *

sexta *

sábado *

COMO FOI A SEMANA?
Circule o seu humor

Lembretes semanais

domingo * DIA ______

segunda * ______

terça * ______

quarta * ___________

quinta * ___________

sexta * ___________

sábado * ___________

COMO FOI A SEMANA?
Circule o seu humor

Destaques do mês

O QUANTO CONSEGUI SER INTENCIONAL NOS OBJETIVOS DESTE MÊS?

#honestidade

MOTIVOS DE gratidão

Melhores do mês

Livros, filmes e séries

___ ☆☆☆☆☆

___ ☆☆☆☆☆

___ ☆☆☆☆☆

___ ☆☆☆☆☆

___ ☆☆☆☆☆

___ ☆☆☆☆☆

___ ☆☆☆☆☆

ESCREVA OU COLE O NOME DO MÊS NESTA ÁREA

E no sétimo dia...

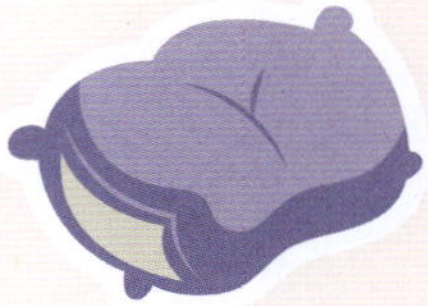

Deus descansou. No ciclo anterior, em que discutimos o trabalho, falamos sobre como Deus é a primeira pessoa no relato bíblico que aparece trabalhando. Pois bem, Deus também é o primeiro que aparece descansando. Você provavelmente conhece a história: Deus criou o mundo em seis dias, viu que tudo tinha ficado bom e, no sétimo dia, descansou. Não que ele precisasse descansar — afinal, isso não é necessário quando se é o ser mais poderoso do universo —, mas, logo no início do mundo, Deus quis mostrar que um período de repouso deve suceder ao trabalho. Esta foi a forma de Deus nos instruir sobre como nós, humanos que se cansam, deveríamos lidar com o tempo.

Quando perseguimos um objetivo, frequentemente sacrificamos nossas horas de descanso. É comum que estudantes que se preparam para prestar vestibular estudem por longas horas todo dia e continuem estudando nos finais de semana. A pressão para se destacar em competições esportivas ou artísticas pode levar a treinos intensos e repetitivos, deixando pouco tempo para relaxar e para a convivência familiar. O excesso de trabalho, contudo, rouba um tantinho de nossa humanidade. Afinal, ser humano inclui muitos momentos diferentes, como trabalho, descanso, lazer, relacionamento com Deus, exercício físico… Quando comprometemos todo o nosso tempo com trabalho, nossos relacionamentos — com os outros e com Deus — são prejudicados, assim como a nossa própria saúde física.

O descanso é muito mais do que apenas relaxar — é uma forma de fortalecer nossa fé e confiar que Deus cuida de nós. Quando paramos para descansar, mostramos que sabemos que nossa vida não depende só do nosso esforço, mas também da graça e do cuidado dele. O descanso também permite que Deus renove nossas forças, nos dê paz e nos ajude a viver de forma mais plena e equilibrada.

Ainda que experimentemos momentos de atividade mais intensa, precisamos inserir espaços de descanso na nossa rotina. E descanso até pode ser (mas não necessariamente significa) simplesmente ficar parado. Quando você fica horas passeando por alguma rede social, pode até estar sentada confortavelmente, mas a quantidade de informações que você recebe nesse período deixa o seu cérebro agitado e exausto.

Então, sejamos intencionais também com nossos momentos de pausa e, como deseja o nosso Criador, sejamos completamente humanas.

Leia também:

Salmos 127:2

MEU MÊS

Para refletir

Anote aqui algumas maneiras de descanso que você pode adotar. Pense em atividades que contemplam o seu corpo e a sua mente. Nada de listar redes sociais, hein!

Neste mês, eu quero...

Neste mês, eu preciso...

Visão do mês

domingo	segunda	terça	quarta	quinta	sexta	sábado
DIA						

Rastreio de hábitos

SEMANAL

HÁBITO	SEMANA 1	2	3	4	5

DIÁRIO

HÁBITO	1	2	3	4	5	6	7	8	9	10	11
	12	13	14	15	16	17	18	19	20	21	22
	23	24	25	26	27	28	29	30	31		

HÁBITO	1	2	3	4	5	6	7	8	9	10	11
	12	13	14	15	16	17	18	19	20	21	22
	23	24	25	26	27	28	29	30	31		

HÁBITO	1	2	3	4	5	6	7	8	9	10	11
	12	13	14	15	16	17	18	19	20	21	22
	23	24	25	26	27	28	29	30	31		

HÁBITO	1	2	3	4	5	6	7	8	9	10	11
	12	13	14	15	16	17	18	19	20	21	22
	23	24	25	26	27	28	29	30	31		

HÁBITO	1	2	3	4	5	6	7	8	9	10	11
	12	13	14	15	16	17	18	19	20	21	22
	23	24	25	26	27	28	29	30	31		

PLANO DE ESTUDO MENSAL

PRIORIDADES

1

2

3

AVALIAÇÕES

MATÉRIA | DATA | NOTA

	/	
	/	
	/	
	/	
	/	
	/	
	/	

TAREFAS

TAREFA | PRAZO

- [ ] /
- [ ] /
- [ ] /
- [ ] /
- [ ] /
- [ ] /
- [ ] /

Lembretes semanais

domingo *

DIA

segunda *

terça *

quarta * ______

quinta * ______

sexta * ______

sábado * ______

COMO FOI A SEMANA?

Circule o seu humor

Lembretes semanais

domingo * DIA ____________

segunda * ____________

terça * ____________

quarta *

quinta *

sexta *

sábado *

COMO FOI A SEMANA?

Circule o seu humor

Lembretes semanais

domingo * DIA ____________

segunda * ____________

terça * ____________

quarta * ______

quinta * ______

sexta * ______

sábado * ______

COMO FOI A SEMANA?
Circule o seu humor

Lembretes semanais

domingo * ____________
DIA

segunda * ____________

terça * ____________

quarta *

quinta *

sexta *

sábado *

COMO FOI A SEMANA?
Circule o seu humor

Lembretes semanais

domingo * DIA ____________

segunda * ____________

terça * ____________

quarta * ______

quinta * ______

sexta * ______

sábado * ______

COMO FOI A SEMANA?
Circule o seu humor

Lembretes semanais

domingo * DIA ____________

segunda * ____________

terça * ____________

quarta * ____________

quinta * ____________

sexta * ____________

sábado * ____________

COMO FOI A SEMANA?
Circule o seu humor

Destaques do mês

O QUANTO CONSEGUI SER INTENCIONAL NOS OBJETIVOS DESTE MÊS?

#honestidade

MOTIVOS DE *gratidão*

Melhores do mês

Livros, filmes e séries

______________________ ☆☆☆☆☆

______________________ ☆☆☆☆☆

______________________ ☆☆☆☆☆

______________________ ☆☆☆☆☆

______________________ ☆☆☆☆☆

______________________ ☆☆☆☆☆

______________________ ☆☆☆☆☆

TERCEIRA
ESTAÇÃO

A seca

Quando tudo dá errado

Vez ou outra, vemos notícias de que uma plantação foi atacada por determinada praga; ou, ainda, de que uma seca inesperada impossibilitou a lavoura. Apesar da tecnologia, do conhecimento e do esforço empenhados no plantio, um agricultor ainda corre o risco de ver seu trabalho ir pelos ares. Por que, a despeito do nosso empenho, as coisas dão errado?

O mundo em que vivemos não é ideal, como fora inicialmente criado por Deus. Numa espécie de contágio, o pecado afetou toda a criação, o que inclui tanto a natureza como a vida humana. Nesse mundo que se desviou do *design* divino, vamos experimentar frustrações, fracassos e tudo o mais. Isso pode ocorrer por inúmeras razões: às vezes, nós nos esquecemos de remover as ervas daninhas; outras, plantamos a semente errada no solo errado e na época errada; e, talvez, tenha sido a solene vontade de Deus não permitir que nossa semente frutificasse. Frequentemente, não temos respostas exatas sobre o porquê de um evento específico ter acontecido de um jeito e não de outro.

Contudo, o mundo em que vivemos já está sendo restaurado. Deus não abandonou a natureza ou a nós. Com a vida de Jesus, ele pôs em prática seu plano de consertar as coisas. A desobediência de Adão e Eva levou a humanidade à morte e à separação de Deus. A obediência de Jesus venceu a morte e nos deu o direito de sermos chamadas filhas de Deus. A ressureição é o ponto inicial: a partir desse marco, tudo passou a ser restaurado. Essa é uma bênção de que desfrutamos agora, mas que também nos traz uma esperança futura. Assim, quando as chuvas destroem nossa plantação, somos sustentadas pelo nosso Pai amoroso; quando fracassamos, somos ensinadas pelo Criador que tudo sabe; quando, por sua soberana vontade, Deus nos diz não, confiamos que este é o melhor para nós. E, quando olhamos para o futuro, podemos nos alegrar com a perspectiva de que, um dia, quando Deus completar o seu plano, não haverá mais secas, fracassos ou frustrações. Entre uma coisa e outra — o "hoje" e "o que vem por aí" — vamos sendo transformadas por Deus em novas criaturas. Afinal, nós também precisamos ser descontaminadas do pecado. Esse processo necessariamente passa por situações que deixam um gostinho amargo na boca.

Reconhecer a estação que estamos vivendo não significa tentar estabelecer uma estação nova de acordo com a nossa vontade, o tal do "fazer acontecer". O tempo de Deus é diferente do nosso: às vezes, achamos que é hora de avançar, passar na prova, conseguir a autorização dos pais, enfim, colher os resultados, e Deus nos diz que ainda é tempo de continuar trabalhando. A coisa boa de entender que o mundo é mau, mas que está sendo transformado, e que nós somos más, mas que também estamos sendo transformadas, é que isso nos ajuda a lidar com as decepções, tanto aquelas geradas pelas nossas próprias falhas como aquelas que resultam de fatores que não conseguimos explicar. Entender essa realidade também nos mostra a importância de colocar nossa fé no lugar certo: não em condições externas, nem em nós mesmas, mas em Deus.

Em outras palavras, essas situações desagradáveis nos ensinam quem nós somos e quem Deus é. Nós, como criaturas, somos limitados e incapazes de prever o futuro, enquanto ele, como Criador, é o Senhor do tempo e tem planos positivos para o nosso futuro. Adão e Eva quiseram ser como Deus, e não apenas falharam, como perderam os benefícios que apreciavam na condição de criaturas. Que tal fazermos diferente?

PARA CONTINUAR PENSANDO NISSO

Leia:

Mateus 6:19–21

Romanos 8:18–25

Salmos 23

Outras leituras:

A Última Batalha, C.S. Lewis

As andorinhas de um continente em chamas, Gabriela Fernandes

ANOTAÇÕES

ANOTAÇÕES

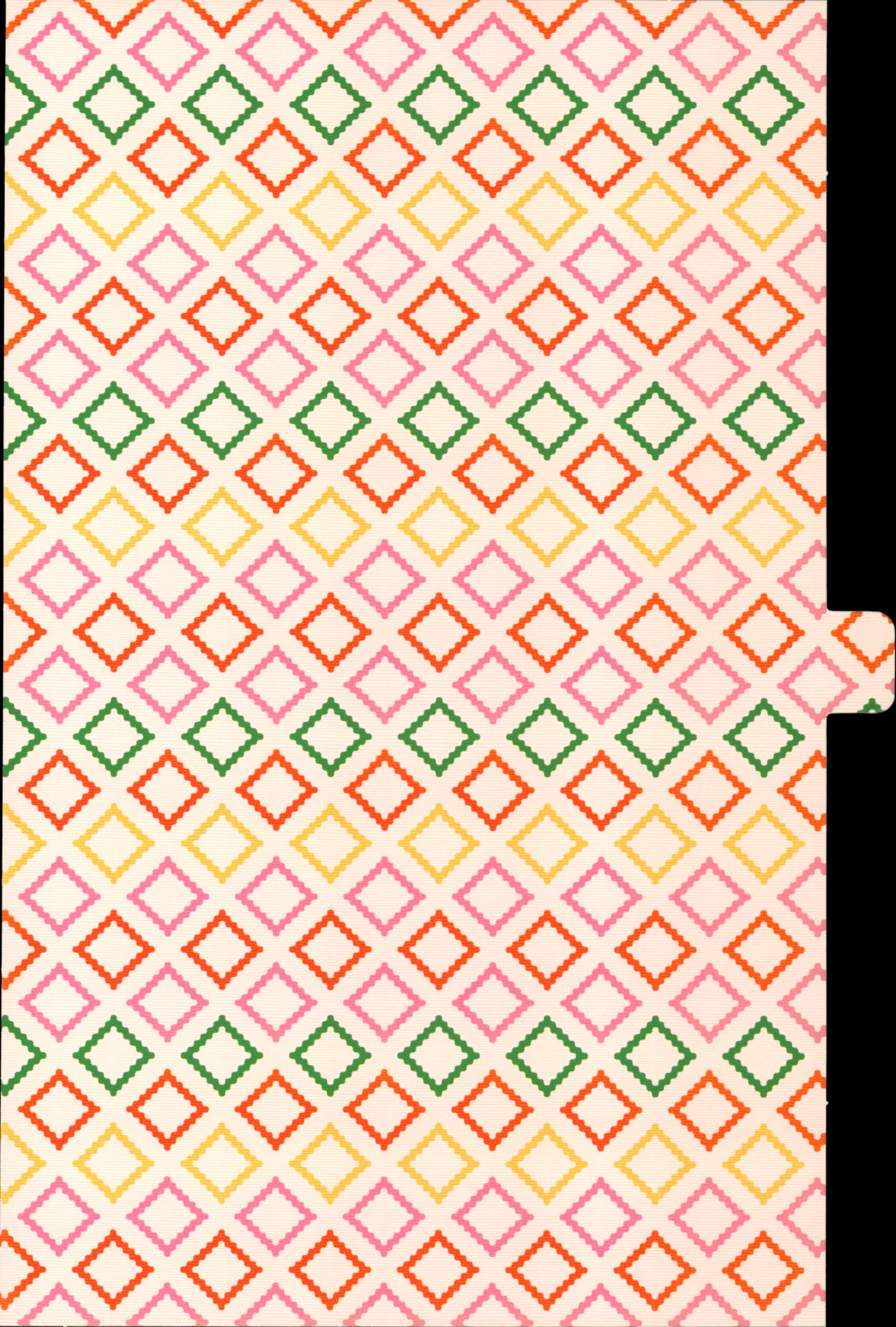

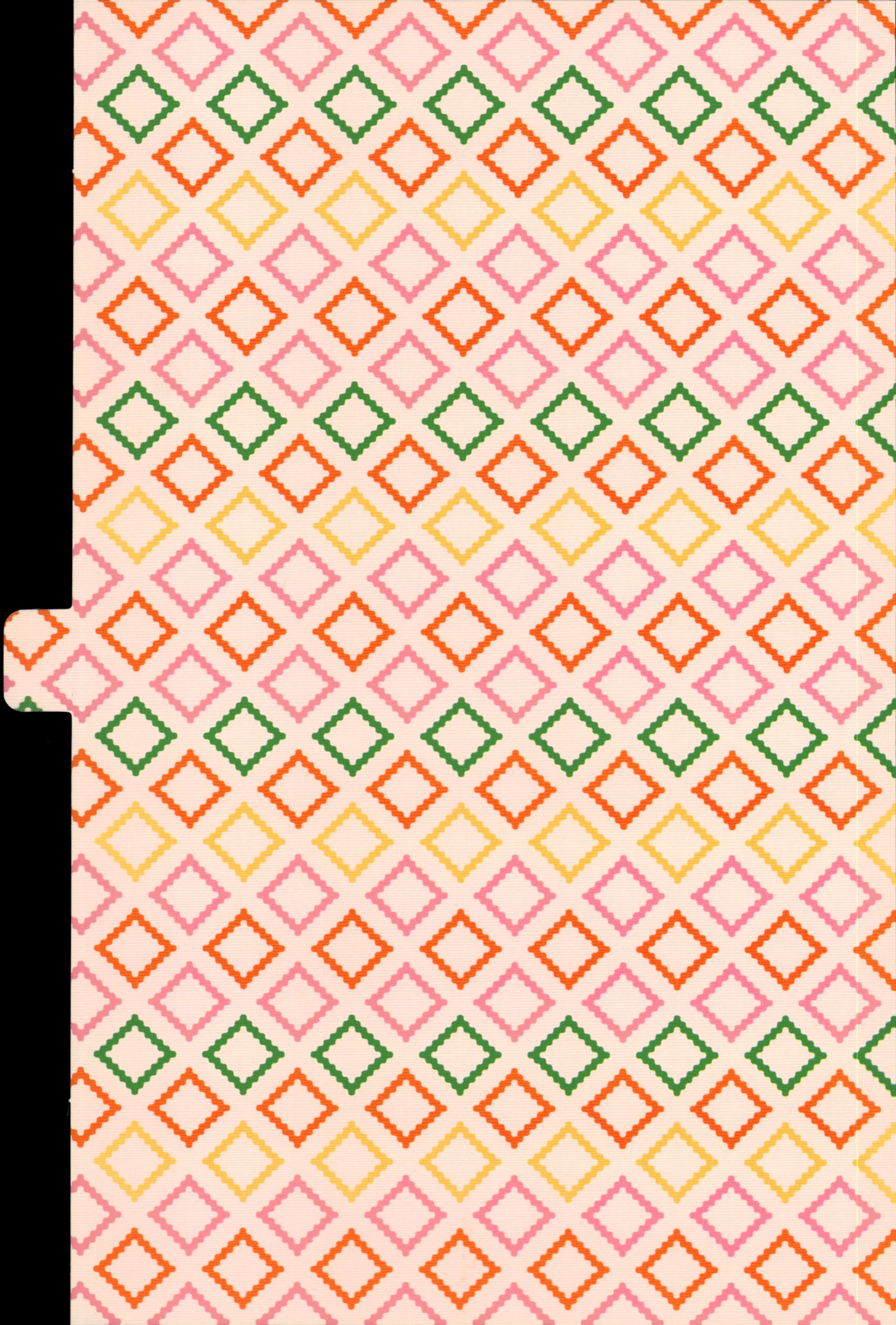

ESCREVA OU COLE O NOME DO MÊS NESTA ÁREA

Quando queremos bufar e virar os olhos

A plantação estragou e a gente falhou. E agora, o que fazer com a frustração?

Seria uma maravilha termos um remédio para cada tipo de sentimento ruim. O médico poderia prescrever: "Tome três lágrimas de peixe logo pela manhã e, num instante, seu coração partido ficará melhor". Ou, então, algum tutorial de três passos — do tipo "dê duas voltas, grite urra! e encoste o dedo do pé na orelha" — para consertar uma emoção difícil. Existe tutorial para todo tipo de coisa, mas não para isso.

O momento da "derrota" é cheio de sentimentos intensos, o que significa que não é exatamente a hora ideal para aprender uma lição. Tudo o que conseguimos fazer é sentir — e tudo bem. Com o tempo, fica mais fácil olhar para trás e tentar extrair algum tipo de aprendizado. Um filósofo alemão chamado Hegel disse uma vez que a coruja da sabedoria só levanta voo no fim do dia, ou seja, o entendimento só vem com o passar do tempo. Então, quando a frustração chega, não tem remédio — o jeito é deixar as lágrimas rolarem. Mas isso não significa que não exista um tipo de tônico, uma forma de prepararmos nosso coração para a próxima vez que sentirmos frustração (porque, sinto dizer, isso voltará a acontecer). Eis como obter esse tônico:

1. Treine suas vontades: estamos tão acostumadas a dançar conforme nossa própria música que não sabemos o que fazer quando a *playlist* muda. Uma forma de nos preparar para a frustração é justamente dizer não para nós mesmas. Isso acontece quando vamos à igreja mesmo sem vontade, quando limitamos o tempo de uso do celular ou quando, mesmo com preguiça, nos exercitamos.

2. Fortaleça sua mente: assim como uma alimentação inadequada prejudica sua saúde, o mesmo ocorre com a nutrição mental. É fundamental alimentar seu intelecto com conteúdos de qualidade. Isso inclui, evidentemente, a leitura da Bíblia e o aprendizado dos fundamentos da fé cristã, mas também envolve assistir a filmes que proporcionem boas reflexões, evitar livros que incitem pensamentos ou desejos negativos, e por aí vai.

3. Cultive suas emoções: coloque beleza diante dos seus olhos, ouça boa música, contemple uma paisagem, leia um livro cativante! Apesar da maldade, o mundo ainda carrega as marcas de Deus, e elas estão espalhadas por todo tipo de lugar, inclusive nas artes!

Apesar dos três passos, esse não é um tutorial que vai colocar seus sentimentos de volta no lugar instantaneamente (já falamos sobre paciência e constância, lembra?). É preciso fazer boas escolhas de novo e de novo e de novo. Contudo, quanto mais você praticar, mais fácil ficará.

Leia também:

Filipenses 4:8

O príncipe oculto, Tessa Afshar

MEU MÊS

Para refletir

Considerando as três formas de preparar o seu coração para a frustração, liste um hábito que você pode adotar para cada uma delas.

Neste mês, eu quero...

Neste mês, eu preciso...

Visão do mês

domingo	segunda	terça	quarta	quinta	sexta	sábado
DIA						

Rastreio de hábitos

SEMANAL

HÁBITO	SEMANA 1	2	3	4	5

DIÁRIO

HÁBITO											
	1	2	3	4	5	6	7	8	9	10	11
	12	13	14	15	16	17	18	19	20	21	22
	23	24	25	26	27	28	29	30	31		

HÁBITO											
	1	2	3	4	5	6	7	8	9	10	11
	12	13	14	15	16	17	18	19	20	21	22
	23	24	25	26	27	28	29	30	31		

HÁBITO											
	1	2	3	4	5	6	7	8	9	10	11
	12	13	14	15	16	17	18	19	20	21	22
	23	24	25	26	27	28	29	30	31		

HÁBITO											
	1	2	3	4	5	6	7	8	9	10	11
	12	13	14	15	16	17	18	19	20	21	22
	23	24	25	26	27	28	29	30	31		

HÁBITO											
	1	2	3	4	5	6	7	8	9	10	11
	12	13	14	15	16	17	18	19	20	21	22
	23	24	25	26	27	28	29	30	31		

PLANO DE ESTUDO MENSAL

PRIORIDADES

1

2

3

AVALIAÇÕES

MATÉRIA | DATA | NOTA

	/	
	/	
	/	
	/	
	/	
	/	
	/	

TAREFAS

TAREFA | PRAZO

- [ ] /
- [ ] /
- [ ] /
- [ ] /
- [ ] /
- [ ] /
- [ ] /

Lembretes semanais

domingo * ____________ DIA

segunda * ____________

terça * ____________

quarta *

quinta *

sexta *

sábado *

COMO FOI A SEMANA?
Circule o seu humor

Lembretes semanais

domingo * ______ DIA

segunda * ______

terça * ______

quarta * __________

quinta * __________

sexta * __________

sábado * __________

COMO FOI A SEMANA?
Circule o seu humor

Lembretes semanais

domingo * DIA

segunda *

terça *

quarta * ____________

quinta * ____________

sexta * ____________

sábado * ____________

COMO FOI A SEMANA?
Circule o seu humor

Lembretes semanais

domingo * DIA

segunda *

terça *

quarta *

quinta *

sexta *

sábado *

COMO FOI A SEMANA?
Circule o seu humor

Lembretes semanais

domingo * DIA ____________

segunda * ____________

terça * ____________

quarta *

quinta *

sexta *

sábado *

COMO FOI A SEMANA?
Circule o seu humor

Lembretes semanais

domingo * DIA

segunda *

terça *

quarta * ____________

quinta * ____________

sexta * ____________

sábado * ____________

COMO FOI A SEMANA?
Circule o seu humor

Destaques do mês

O QUANTO CONSEGUI SER INTENCIONAL NOS OBJETIVOS DESTE MÊS?

#honestidade

MOTIVOS DE

gratidão

Melhores do mês

Livros, filmes e séries

______________________ ☆☆☆☆☆

______________________ ☆☆☆☆☆

______________________ ☆☆☆☆☆

______________________ ☆☆☆☆☆

______________________ ☆☆☆☆☆

______________________ ☆☆☆☆☆

______________________ ☆☆☆☆☆

ESCREVA OU COLE O NOME DO MÊS NESTA ÁREA

Quando o vaso quebra

Vamos fazer de conta. Imagine algo que você deseja muito, algo pelo qual você esperaria meses. Você colocaria muita expectativa nessa conquista, é o tipo de desejo sobre o qual você escreveria em diários, contaria para seus amigos e até para seu cachorro (ou gato!). Agora, imagine que, no final das contas, as coisas não deram certo. Aquela viagem dos sonhos teve de ser adiada, a aprovação no vestibular não veio, aquela pessoa por quem você ficou suspirando apareceu, de repente, namorando alguém. Nessa situação, que sentimentos vêm à sua mente? Frustração, tristeza, raiva e talvez... desespero?

Por definição, desespero é o exato oposto da esperança. É aquela emoção que transborda quando a situação parece sem saída, quando ficamos desoladas, completamente desanimadas. Enfim, é o que sentimos quando perdemos algo essencial para nós, aquele tipo de coisa que mora bem no centro do nosso coração. Agora, chega de faz de conta. Está na hora de parar e se perguntar: O que está no centro do seu coração?

Aquele impulso de independência de Adão e Eva — a tentativa de serem como deuses — também é o tipo de tentação que nós enfrentamos. Muitas vezes, colocamos nosso senso de identidade em algo além de Deus e passamos a nos definir de acordo com papéis ou conquistas: a estudante de medicina, a namorada de fulano, a garota com o corpo "ideal", a melhor aluna da escola. Mas nada disso é seguro. Um dia, rola uma seca inesperada e nossa plantação murcha. E, daí, vem o desespero.

Não há nada de errado em ter sonhos e se esforçar para alcançá-los, o problema é quando eles ocupam o centro do nosso coração e nossa identidade passa a depender deles. Somos filhas amadas de Deus e isso não depende da nossa performance ou de nossas conquistas. Não há nada que façamos que vá levar Deus a nos amar mais ou menos. Ele nos ama porque nos ama. Esse, sim, é um lugar seguro para guardar nossa identidade.

Quando nosso coração está no lugar certo, temos uma fonte inesgotável de esperança e, nos altos e baixos da vida, o desespero passa longe.

Leia também:

Mateus 7:24–27

Deixa nevar, Camila Antunes

MEU MÊS

Para refletir

O que define sua identidade? Após refletir sobre essa pergunta, anote aqui uma forma pela qual você pode fortalecer sua confiança na identidade como filha amada de Deus, desvinculando-a de conquistas pessoais.

Neste mês, eu quero...

Neste mês, eu preciso...

Visão do mês

domingo	segunda	terça	quarta	quinta	sexta	sábado
DIA						

Rastreio de hábitos

SEMANAL

HÁBITO	SEMANA 1	2	3	4	5

DIÁRIO

HÁBITO	1	2	3	4	5	6	7	8	9	10	11
	12	13	14	15	16	17	18	19	20	21	22
	23	24	25	26	27	28	29	30	31		

HÁBITO	1	2	3	4	5	6	7	8	9	10	11
	12	13	14	15	16	17	18	19	20	21	22
	23	24	25	26	27	28	29	30	31		

HÁBITO	1	2	3	4	5	6	7	8	9	10	11
	12	13	14	15	16	17	18	19	20	21	22
	23	24	25	26	27	28	29	30	31		

HÁBITO	1	2	3	4	5	6	7	8	9	10	11
	12	13	14	15	16	17	18	19	20	21	22
	23	24	25	26	27	28	29	30	31		

HÁBITO	1	2	3	4	5	6	7	8	9	10	11
	12	13	14	15	16	17	18	19	20	21	22
	23	24	25	26	27	28	29	30	31		

PLANO DE ESTUDO MENSAL

PRIORIDADES

1

2

3

AVALIAÇÕES

MATÉRIA | DATA | NOTA

TAREFAS

TAREFA | PRAZO

Lembretes semanais

domingo *

DIA

segunda *

terça *

quarta * ____________

quinta * ____________

sexta * ____________

sábado * ____________

COMO FOI A SEMANA?

Circule o seu humor

Lembretes semanais

domingo * DIA

segunda *

terça *

quarta *

quinta *

sexta *

sábado *

COMO FOI A SEMANA?

Circule o seu humor

Lembretes semanais

domingo * ______ DIA

segunda * ______

terça * ______

quarta *

quinta *

sexta *

sábado *

COMO FOI A SEMANA?

Circule o seu humor

Lembretes semanais

domingo * DIA

segunda *

terça *

quarta *

quinta *

sexta *

sábado *

COMO FOI A SEMANA?
Circule o seu humor

Lembretes semanais

domingo * DIA

segunda *

terça *

quarta *

quinta *

sexta *

sábado *

COMO FOI A SEMANA?
Circule o seu humor

Lembretes semanais

domingo * DIA

segunda *

terça *

quarta *

quinta *

sexta *

sábado *

COMO FOI A SEMANA?
Circule o seu humor

Destaques do mês

O QUANTO CONSEGUI SER INTENCIONAL NOS OBJETIVOS DESTE MÊS?

#honestidade

MOTIVOS DE **gratidão**

Melhores do mês

Livros, filmes e séries

_____ ☆☆☆☆☆

_____ ☆☆☆☆☆

_____ ☆☆☆☆☆

_____ ☆☆☆☆☆

_____ ☆☆☆☆☆

_____ ☆☆☆☆☆

_____ ☆☆☆☆☆

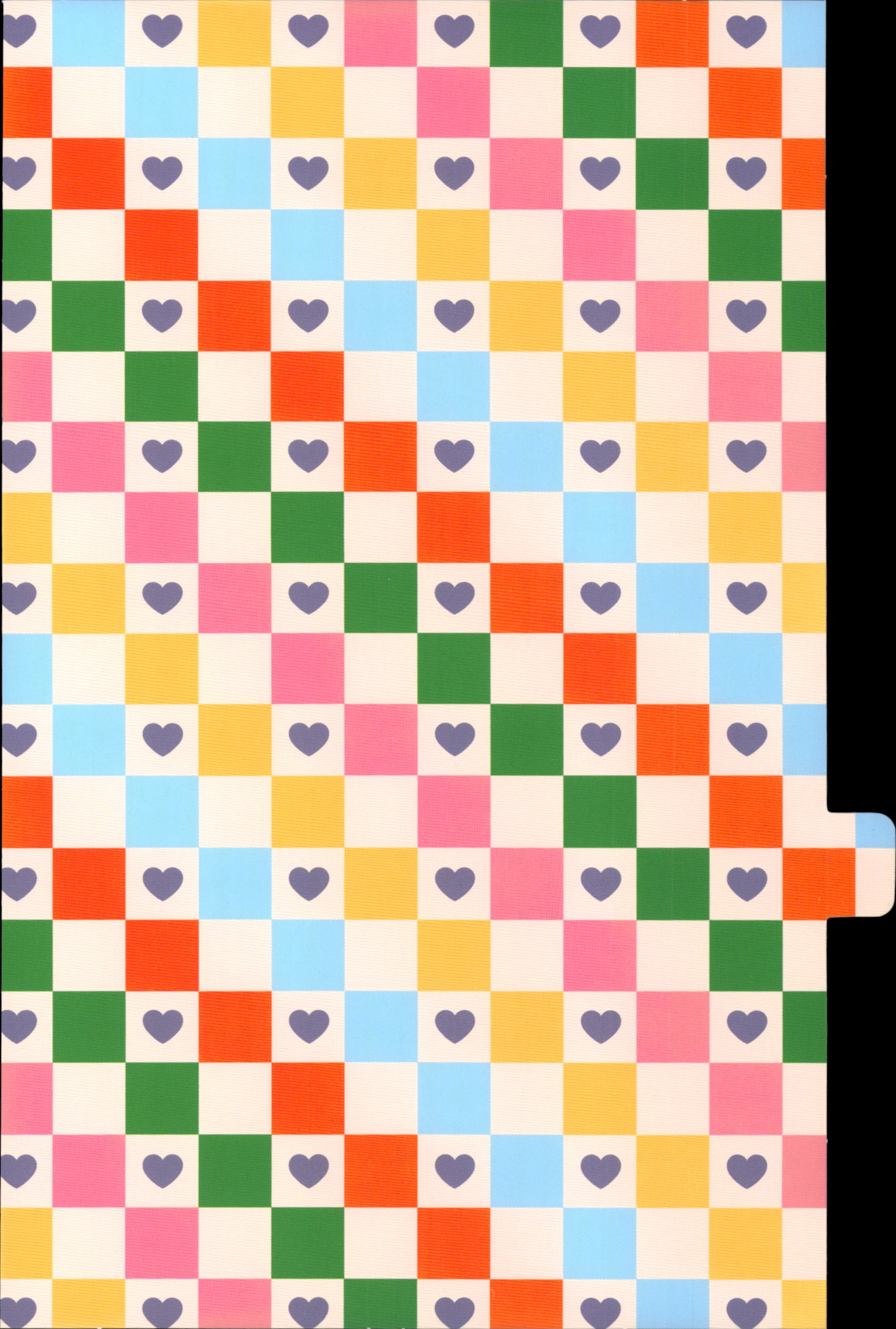

ESCREVA OU COLE O NOME DO MÊS NESTA ÁREA

Quando Deus diz não

Talvez você já tenha percebido como nossa cultura incentiva os jovens a irem atrás de seus sonhos. A ênfase desses discursos está sempre no individual: descubra qual é a sua ambição, aquilo que vai fazer você feliz, e, então, a conquista é só uma questão de tempo. Nessa lógica, Deus é basicamente um serviçal: é só "fazer a nossa parte" que "Deus fará a dele". "Afinal", nós pensamos, "ele nos ama e nos dará o que queremos a fim de sermos felizes." Mas e quando Deus diz não?

Ao contrário do que muita gente pensa, Deus não está comprometido em realizar ambições individuais. Quando falamos que nosso Criador tem bons planos para nós, isso não significa que sejam os nossos bons planos. Uma vez que fomos contaminadas pelo pecado, nós mesmas não somos as melhores candidatas para decidir o que é bom. Se você tem irmãos pequenos, provavelmente já teve de impedi-los de comer terra ou colocar o dedo em uma tomada — algo que, para eles, não representava perigo algum.

Assim, os planos de Deus não coincidem com os nossos. Ele não deseja que sejamos vitoriosas do jeito que o mundo dita — invejadas, populares, superiores. Essas coisas podem parecer legais, mas, no fundo, são muletas quebradas: quem se apoia nelas logo vai levar um tombo. O que Deus tem a nos oferecer é algo bem diferente do que podemos considerar sucesso: ele quer nos tornar perfeitamente humanas. Isto é, quer que nos tornemos a criatura que ele nos planejou para ser, antes que o pecado contaminasse tudo — a coroa de toda a sua criação.

Esse plano divino já foi iniciado, e temos um papel a desempenhar nele. À medida que somos transformadas, Deus nos usa para transformar o mundo a nossa volta. De algum jeito fantástico, nosso trabalho, atividade e tudo o mais são canais para a graça a Deus. Como rios em meio a uma terra seca.

Então, quando Deus disser não para você e sua plantação não vingar, não revire os olhos ou dê espaço para o desespero. Acredite, por mais difícil que seja, que é para o seu bem.

Leia também:

Sons de ferrugem e ecos de borboleta, Noemi Nicoletti

O Deus que destrói sonhos, Rodrigo Bibo

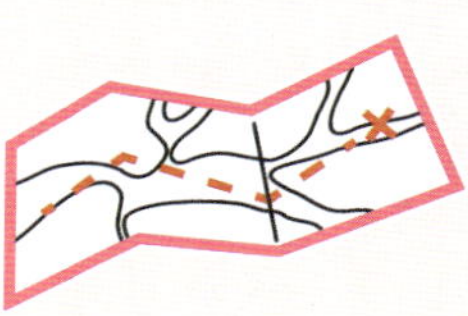

MEU MÊS

Para refletir

Liste aqui seus maiores desejos e ambições do momento. Depois, procure avaliar como você se sentirá caso eles não se realizem e se sua percepção de Deus seria afetada diante disso.

Neste mês, eu quero...

Neste mês, eu preciso...

Visão do mês

domingo	segunda	terça	quarta	quinta	sexta	sábado
DIA						

Rastreio de hábitos

SEMANAL

HÁBITO	SEMANA 1	2	3	4	5

DIÁRIO

HÁBITO	1	2	3	4	5	6	7	8	9	10	11
	12	13	14	15	16	17	18	19	20	21	22
	23	24	25	26	27	28	29	30	31		

HÁBITO	1	2	3	4	5	6	7	8	9	10	11
	12	13	14	15	16	17	18	19	20	21	22
	23	24	25	26	27	28	29	30	31		

HÁBITO	1	2	3	4	5	6	7	8	9	10	11
	12	13	14	15	16	17	18	19	20	21	22
	23	24	25	26	27	28	29	30	31		

HÁBITO	1	2	3	4	5	6	7	8	9	10	11
	12	13	14	15	16	17	18	19	20	21	22
	23	24	25	26	27	28	29	30	31		

HÁBITO	1	2	3	4	5	6	7	8	9	10	11
	12	13	14	15	16	17	18	19	20	21	22
	23	24	25	26	27	28	29	30	31		

PLANO DE ESTUDO MENSAL

PRIORIDADES

1

2

3

AVALIAÇÕES

MATÉRIA | DATA | NOTA

	/	
	/	
	/	
	/	
	/	
	/	
	/	

TAREFAS

TAREFA | PRAZO

- [ ] ____________________ /
- [ ] ____________________ /
- [ ] ____________________ /
- [ ] ____________________ /
- [ ] ____________________ /
- [ ] ____________________ /
- [ ] ____________________ /

Lembretes semanais

domingo * DIA ______

segunda * ______

terça * ______

quarta *

quinta *

sexta *

sábado *

COMO FOI A SEMANA?
Circule o seu humor

Lembretes semanais

domingo * ____________
DIA

segunda * ____________

terça * ____________

quarta * ______________

quinta * ______________

sexta * ______________

sábado * ______________

COMO FOI A SEMANA?
Circule o seu humor

Lembretes semanais

domingo * DIA

segunda *

terça *

quarta * ___________

quinta * ___________

sexta * ___________

sábado * ___________

COMO FOI A SEMANA?
Circule o seu humor

Lembretes semanais

domingo * ______ DIA

segunda * ______

terça * ______

quarta *

quinta *

sexta *

sábado *

COMO FOI A SEMANA?

Circule o seu humor

Lembretes semanais

domingo * ________ DIA

segunda * ________

terça * ________

quarta *

quinta *

sexta *

sábado *

COMO FOI A SEMANA?
Circule o seu humor

Lembretes semanais

domingo *

DIA

segunda *

terça *

quarta *

quinta *

sexta *

sábado *

COMO FOI A SEMANA?

Circule o seu humor

Destaques do mês

O QUANTO CONSEGUI SER INTENCIONAL NOS OBJETIVOS DESTE MÊS?

#honestidade

MOTIVOS DE **gratidão**

Melhores do mês

Livros, filmes e séries

________________ ☆☆☆☆☆

________________ ☆☆☆☆☆

________________ ☆☆☆☆☆

________________ ☆☆☆☆☆

________________ ☆☆☆☆☆

________________ ☆☆☆☆☆

________________ ☆☆☆☆☆

QUARTA

ESTAÇÃO

Colhendo os frutos

A celebração

Você conhece alguém que é péssimo em receber elogios? Você fala "Seu cabelo tá lindo!" e a pessoa responde de pronto: "Que nada, tá cheio de frizz!" Se ela tira 8 em uma prova, fica chateada pois queria um 10; se ouve um "parabéns" por algo que fez, começa a listar tudo o que faria diferente na próxima vez; para cada qualidade, ela arruma três defeitos. Em resumo, é aquela pessoa que nunca comemora coisa alguma.

A gente fica até tentado a pensar que alguém assim é humilde; ou, então, ficamos admirados com o padrão de qualidade que essa pessoa estabelece. Afinal, ela não aceita "qualquer coisa", só gosta de coisa bem-feita, não é mesmo? Mas essa insatisfação infinita está longe de ser positiva.

Se analisarmos um coração com essas características — em outras palavras, se puxarmos o fio da insatisfação —, é bem possível que encontremos emoções fora de ordem.

Em primeiro lugar, um coração que se recusa a celebrar é ingrato. Isso porque aquilo que Deus lhe concedeu por agora não lhe parece o bastante, e, uma vez que algo novo é conquistado, logo também se torna insuficiente. Em vez de se satisfazer no presente, está sempre pensando no próximo passo. Fica pensando tanto na sobremesa que nem aproveita o sabor do jantar. E quando a sobremesa chegar, tampouco ela será saboreada. A mente já vai se perguntar: "O que vem a seguir?"

Em segundo lugar, esse coração não sabe onde está o seu valor de verdade. Uma pessoa que se ocupa tanto com suas conquistas está colocando seu senso de identidade naquilo que faz. Isso pode parecer bacana quando os resultados são bons, mas e quando são ruins? Aí a equação MEU VALOR = MEUS RESULTADOS rapidamente deixa de ser divertida. Além disso, mesmo os bons resultados não são fruto de um esforço individual — em tudo o que fazemos, contamos com auxílio, se não das pessoas que nos cercam, de nosso Pai Celestial.

Em terceiro lugar, um coração insatisfeito é vaidoso. Afinal, para quem estamos colecionando troféus? Desejamos convencer a nós mesmas de que somos muito boas e talentosas? Queremos que os outros pensem que somos diferenciadas? É perigoso viver dessa forma, porque tanto nós como os outros não somos juízes confiáveis. E, no final do dia, quão longe estamos dispostas a ir para conquistar a aprovação de terceiros?

Resumindo bem resumidinho, um coração insatisfeito não aprendeu o que significa ser filho de Deus. Ser filho dele é valorizar as vitórias que recebemos hoje; é fundamentar nossa identidade naquilo que é eterno; é compreender que só o que o Pai pensa realmente importa. É celebrar mesmo os resultados imperfeitos; é saber equilibrar trabalho e descanso, plantar e colher, planejar e celebrar com gratidão.

É claro que esse caminho não é fácil. Atualmente, somos cobradas o tempo todo para obter resultados melhores. Precisamos estar sempre "evoluindo", avançando, conquistando mais. Mas essa é uma semente que não podemos deixar germinar. Se encararmos a vida como uma escalada sem fim, apenas um resultado é certo: a exaustão. Já imaginou participar de uma corrida que nunca acaba? Ou passar a vida tentando encher um copo furado?

Quando enxergamos todo esse contexto, as recomendações bíblicas passam a fazer muito sentido. São várias orientações nesse caminho, do tipo: "Cada um deve comer e beber e desfrutar os frutos de seu trabalho, pois são presentes de Deus", em Eclesiastes 3:13 – NVI; "Não se preocupem com o amanhã", em Mateus 6:34 – NVI; "Alegrem-se sempre no Senhor", em Filipenses 4:4 – NVI. O nosso Deus instituiu estações na nossa vida, e uma delas é a celebração.

Então, evite a canseira. Dê uma pausa. Faça festa. Chame os amigos. Celebre!

PARA CONTINUAR PENSANDO NISSO

Leia:

Eclesiastes 2:24–25

Salmos 16

Salmos 33

Outras leituras:

Ego transformado, Timothy Keller

ANOTAÇÕES

ANOTAÇÕES

ESCREVA OU COLE O NOME DO MÊS NESTA ÁREA

Nada melhor que agradecer

Do que um agricultor precisa para ter uma excelente colheita? Um bom solo e boas sementes; de chuva (ou muito sol, dependendo do tipo de cultivo); companheiros de trabalho; ferramentas de trabalho; saúde e conhecimento. Ele também precisa que pragas não invadam a plantação, que nenhum fenômeno climático a destrua e que, bem, a planta cresça. Ufa! Um tantão de coisas.

E nós, do que precisamos para florescer?

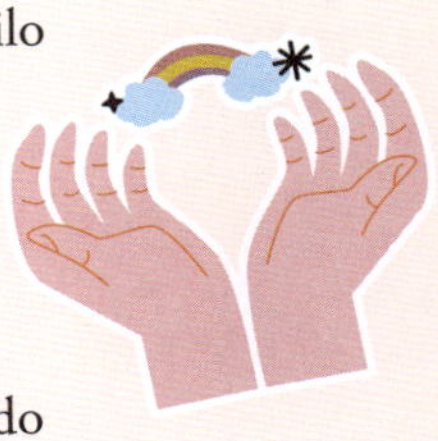

Ao longo de diversos meses, conversamos sobre tudo aquilo que foge do nosso alcance — afinal, não podemos controlar a chuva — e também de tudo o que nós mesmas não somos capazes de fazer — não somos nossas próprias super-heroínas, né? A verdade é que mesmo para tarefas pequenas dependemos de outras pessoas e, especialmente, de Deus. Quem já ficou doente sabe bem como é: fazer tudo aquilo que, rotineiramente, é tão comum se torna um grande desafio. Seja qual for a fase da vida em que você se encontra hoje, saiba que você é resultado dos cuidados de um Pai amoroso e do apoio de parentes e amigos. Mesmo o fruto do nosso esforço individual também é resultado da contribuição de outros.

Quando reconhecemos isso, quando compreendemos que somos seres dependentes, principalmente de Deus, desenvolvemos um coração grato. E isso faz toda a diferença em como vivemos nossos dias! O coração grato é capaz de se alegrar mesmo quando não há fruto algum a ser colhido, porque reconhece que a vida em si já é um presente. A ingratidão, por outro lado, nos torna amargas, em permanente estado de insatisfação. Não demora muito até nos sentirmos vitimizadas ("Nada dá certo comigo!"), cairmos na armadilha da comparação ("Por que fulana tem isso e eu não?") e nos tornarmos completamente cegas para as bênçãos que já recebemos.

Um coração grato sabe que o Pai nos dá o pão de cada dia. Isso significa que aquilo que não temos é algo de que não precisamos.

Leia também:

Mateus 6:9–15

Se pudesse contar as estrelas, Becca Mackenzie

MEU MÊS

Para refletir

Escreva, no espaço abaixo, as bençãos recebidas no último período e os motivos que tem para agradecer. Volte aqui e releia o que escreveu nos momentos em que se sentir desencorajada ou insatisfeita.

Neste mês, eu quero...

Neste mês, eu preciso...

Visão do mês

domingo	segunda	terça	quarta	quinta	sexta	sábado
DIA						

Rastreio de hábitos

SEMANAL

HÁBITO	SEMANA 1	2	3	4	5

DIÁRIO

HÁBITO											
	1	2	3	4	5	6	7	8	9	10	11
	12	13	14	15	16	17	18	19	20	21	22
	23	24	25	26	27	28	29	30	31		

HÁBITO											
	1	2	3	4	5	6	7	8	9	10	11
	12	13	14	15	16	17	18	19	20	21	22
	23	24	25	26	27	28	29	30	31		

HÁBITO											
	1	2	3	4	5	6	7	8	9	10	11
	12	13	14	15	16	17	18	19	20	21	22
	23	24	25	26	27	28	29	30	31		

HÁBITO											
	1	2	3	4	5	6	7	8	9	10	11
	12	13	14	15	16	17	18	19	20	21	22
	23	24	25	26	27	28	29	30	31		

HÁBITO											
	1	2	3	4	5	6	7	8	9	10	11
	12	13	14	15	16	17	18	19	20	21	22
	23	24	25	26	27	28	29	30	31		

PLANO DE ESTUDO MENSAL

PRIORIDADES

1

2

3

AVALIAÇÕES

MATÉRIA | DATA | NOTA

	/	
	/	
	/	
	/	
	/	
	/	
	/	

TAREFAS

TAREFA | PRAZO

- [ ] ______ /
- [ ] ______ /
- [ ] ______ /
- [ ] ______ /
- [ ] ______ /
- [ ] ______ /
- [ ] ______ /

Lembretes semanais

domingo * DIA ______

segunda * ______

terça * ______

quarta * ____________

quinta * ____________

sexta * ____________

sábado * ____________

COMO FOI A SEMANA?
Circule o seu humor

Lembretes semanais

domingo * __________ DIA

segunda * __________

terça * __________

quarta * ______

quinta * ______

sexta * ______

sábado * ______

COMO FOI A SEMANA?
Circule o seu humor

Lembretes semanais

domingo * _____________
DIA

segunda * _____________

terça * _____________

quarta *

quinta *

sexta *

sábado *

COMO FOI A SEMANA?
Circule o seu humor

Lembretes semanais

domingo * DIA

segunda *

terça *

quarta * ____________

quinta * ____________

sexta * ____________

sábado * ____________

COMO FOI A SEMANA?
Circule o seu humor

Lembretes semanais

domingo * ________ DIA

segunda * ________

terça * ________

quarta * ____________

quinta * ____________

sexta * ____________

sábado * ____________

COMO FOI A SEMANA?

Circule o seu humor

Lembretes semanais

domingo * ______ DIA

segunda * ______

terça * ______

quarta *

quinta *

sexta *

sábado *

COMO FOI A SEMANA?
Circule o seu humor

Destaques do mês

O QUANTO CONSEGUI SER INTENCIONAL NOS OBJETIVOS DESTE MÊS?
#honestidade

MOTIVOS DE
gratidão

Melhores do mês
Livros, filmes e séries

______________________ ☆☆☆☆☆

______________________ ☆☆☆☆☆

______________________ ☆☆☆☆☆

______________________ ☆☆☆☆☆

______________________ ☆☆☆☆☆

______________________ ☆☆☆☆☆

______________________ ☆☆☆☆☆

ESCREVA OU COLE O NOME DO MÊS NESTA ÁREA

Nada melhor que se alegrar

No Antigo Testamento, quando Deus instituiu leis para o povo de Israel, ele também estabeleceu uma série de festividades, cada qual com um ensino específico para o povo. Em diversos textos da Bíblia, também somos incentivados a nos alegrar e a festejar. O autor de Eclesiastes escreve que "a melhor coisa a fazer é alegrar-se com seu trabalho" (3:22 – NVI). Tudo isso bem que contraria a ideia de um Deus severo e estraga-prazeres que muita gente tem, né?

Mas tem algo aparentemente esquisito nos textos bíblicos: somos orientadas a nos alegrar mesmo quando as coisas não vão bem. Alguns dos versículos mais conhecidos da Bíblia — e que você com certeza já ouviu na igreja — são justamente aqueles em que Paulo, o importante pregador do Novo Testamento, diz ter aprendido a se alegrar mesmo quando era perseguido, maltratado e passava fome. Alegrar-se com resultados imperfeitos já é um desafio, imagine então fazer isso quando tudo dá errado!

O segredo está na fonte dessa alegria. Quando dependemos de fatores não confiáveis, fica bem difícil ser contente — uma franja rebelde, uma espinha, uma nota ruim, uma frustração, tudo isso serve para nos abalar. Quando, porém, colocamos nosso coração no lugar certo — em Deus e em suas promessas para nós — temos uma fonte inesgotável de alegria.

Veja bem, sentir tristeza não está proibido! É natural experimentarmos emoções negativas. Contudo, precisamos levar essas emoções até Deus, a fim de sermos consoladas por ele. A diferença é que nossa tristeza nunca é desesperada — em todo tempo, devemos lembrar de tudo aquilo que nos traz esperança (Lamentações 3:21). Devemos nos alegrar no fato de que temos um Pai celestial que nos ama, e na lembrança de que Jesus se sacrificou por nós. Devemos nos alegrar porque, pela sua morte, temos a certeza de, um dia, viver sem tristeza, frustrações, pecado ou morte.

O plano de Deus deu certo, a morte foi vencida e o glorioso futuro de Deus está a caminho!

Sim, isso é alegria o suficiente por toda uma vida!

Leia também:

Filipenses 4:4–7

Deixa nevar, Camila Antunes

MEU MÊS

Para refletir

Pesquise e anote aqui algumas das festividades instituídas por Deus no Antigo Testamento. Depois, reflita sobre como cada uma delas elas pode ter impactado a compreensão de alegria e celebração na vida cotidiana para as pessoas que as praticavam.

Neste mês, eu quero...

Neste mês, eu preciso...

Visão do mês

domingo	segunda	terça	quarta	quinta	sexta	sábado
DIA						

Rastreio de hábitos

SEMANAL

HÁBITO	SEMANA				
	1	2	3	4	5

DIÁRIO

HÁBITO	1	2	3	4	5	6	7	8	9	10	11
	12	13	14	15	16	17	18	19	20	21	22
	23	24	25	26	27	28	29	30	31		

HÁBITO	1	2	3	4	5	6	7	8	9	10	11
	12	13	14	15	16	17	18	19	20	21	22
	23	24	25	26	27	28	29	30	31		

HÁBITO	1	2	3	4	5	6	7	8	9	10	11
	12	13	14	15	16	17	18	19	20	21	22
	23	24	25	26	27	28	29	30	31		

HÁBITO	1	2	3	4	5	6	7	8	9	10	11
	12	13	14	15	16	17	18	19	20	21	22
	23	24	25	26	27	28	29	30	31		

HÁBITO	1	2	3	4	5	6	7	8	9	10	11
	12	13	14	15	16	17	18	19	20	21	22
	23	24	25	26	27	28	29	30	31		

PLANO DE ESTUDO MENSAL

PRIORIDADES

1

2

3

AVALIAÇÕES

MATÉRIA | DATA | NOTA

MATÉRIA	DATA	NOTA
	/	
	/	
	/	
	/	
	/	
	/	
	/	

TAREFAS

TAREFA | PRAZO

- [ ] /
- [ ] /
- [ ] /
- [ ] /
- [ ] /
- [ ] /
- [ ] /

Lembretes semanais

domingo

DIA ____________

segunda

____

terça

____

quarta *

quinta *

sexta *

sábado *

COMO FOI A SEMANA?

Circule o seu humor

Lembretes semanais

domingo * DIA ____________

segunda * ____________

terça * ____________

quarta *

quinta *

sexta *

sábado *

COMO FOI A SEMANA?
Circule o seu humor

Lembretes semanais

domingo *

DIA

segunda *

terça *

quarta ___________

quinta ___________

sexta ___________

sábado ___________

COMO FOI A SEMANA?
Circule o seu humor

Lembretes semanais

domingo * DIA ____________

segunda * ____________

terça * ____________

quarta * ____________

quinta * ____________

sexta * ____________

sábado * ____________

COMO FOI A SEMANA?
Circule o seu humor

Lembretes semanais

domingo * ____ DIA

segunda * ____

terça * ____

quarta * ____________

quinta * ____________

sexta * ____________

sábado * ____________

COMO FOI A SEMANA?

Circule o seu humor

Lembretes semanais

domingo * DIA ____________

segunda * ____________

terça * ____________

quarta * ______

quinta * ______

sexta * ______

sábado * ______

COMO FOI A SEMANA?

Circule o seu humor

Destaques do mês

O QUANTO CONSEGUI SER INTENCIONAL NOS OBJETIVOS DESTE MÊS?

#honestidade

MOTIVOS DE **gratidão**

Melhores do mês

Livros, filmes e séries

______ ☆☆☆☆☆

______ ☆☆☆☆☆

______ ☆☆☆☆☆

______ ☆☆☆☆☆

______ ☆☆☆☆☆

______ ☆☆☆☆☆

______ ☆☆☆☆☆

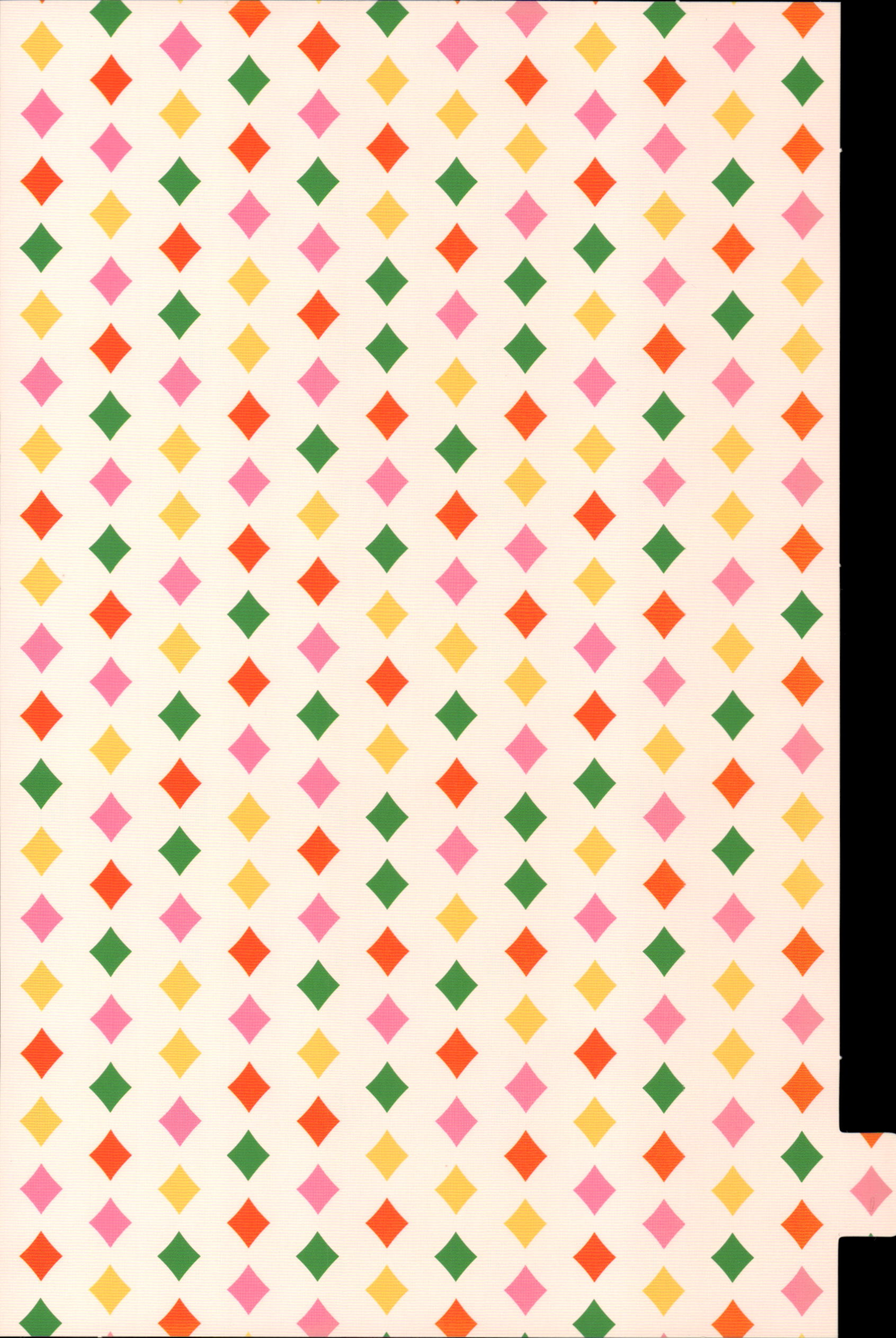

ESCREVA OU COLE O NOME DO MÊS NESTA ÁREA

Nada melhor que compartilhar

Em muitas culturas, era comum celebrar uma festa da colheita. Os resultados de um trabalho que tinha movimentado toda a comunidade por tanto tempo certamente eram motivo de comemoração. A Festa das Semanas, a celebração israelita da colheita, incluía toda a comunidade, inclusive aqueles que não participaram efetivamente do cultivo. Quando Deus instruiu os israelitas sobre como deveriam viver, ele cuidou para que parte da produção agrícola ficasse disponível para estrangeiros e outras pessoas em situação de vulnerabilidade. Ao longo da Bíblia, percebemos como Deus se preocupa com as comunidades, isso tudo porque ele mesmo é, em essência, relacional.

Você já deve ter ouvido falar que Deus é três e um ao mesmo tempo: o Pai, o Filho e o Espírito Santo. São três pessoas distintas, que vivem em perfeita harmonia. Esse característica relacional também foi passada para nós — humanos precisam de Deus, mas humanos também precisam de outros humanos. Disso aprendemos que Deus valoriza, e muito, a comunhão. Em todos os seus planos, o objetivo sempre foi o coletivo — mesmo quando isso significava levantar um rei ou líder.

De forma semelhante ao que acontecia com Israel, Deus também espera que os frutos do nosso trabalho sejam compartilhados. Como discutimos em outras seções, ele não tem interesse em simplesmente nos engrandecer. Ele é um Deus generoso e abundante: não há nada que possamos dar a ele em troca de seu favor por nós. Ele escolheu nos amar e nos abençoar. E é isto que ele deseja que façamos: que as bençãos que recebemos sirvam também para abençoar outras pessoas.

E essa lógica generosa faz todo sentido. Pense, por exemplo, nos seus pais ou responsáveis, que dedicam tempo e energia para instruir e cuidar de você. Eles fazem isso com tanto comprometimento porque, em algum momento, outras pessoas também se dedicaram assim aos cuidados deles. Nós não precisamos retribuir aos nossos pais tudo o que eles fizeram por nós — é impossível "pagar" essa dívida. Em vez disso, podemos passar adiante o que recebemos e ajudar outras pessoas, sejam elas nossos filhos ou não. Recebemos o presente do cuidado antes de merecermos qualquer coisa e podemos retribuir oferecendo o mesmo apoio e a mesma generosidade às pessoas ao nosso redor.

Somos amadas pelo Pai de amor, o que nos permite amar; somos cuidadas por ele, o que nos capacita a cuidar; somos abençoadas por ele, então que tal também cultivarmos nossa capacidade de abençoar?

Leia também:

Mulherzinhas, Louisa May Alcott
O Senhor dos Anéis, J.R.R. Tolkien

MEU MÊS

Para refletir

Elabore e escreva aqui algumas maneiras práticas de compartilhar seu tempo, recursos e amor com aqueles ao seu redor.

Neste mês, eu quero...

Neste mês, eu preciso...

Visão do mês

domingo	segunda	terça	quarta	quinta	sexta	sábado
DIA						

Rastreio de hábitos

SEMANAL

HÁBITO	SEMANA				
	1	2	3	4	5

DIÁRIO

HÁBITO	1	2	3	4	5	6	7	8	9	10	11
	12	13	14	15	16	17	18	19	20	21	22
	23	24	25	26	27	28	29	30	31		

HÁBITO	1	2	3	4	5	6	7	8	9	10	11
	12	13	14	15	16	17	18	19	20	21	22
	23	24	25	26	27	28	29	30	31		

HÁBITO	1	2	3	4	5	6	7	8	9	10	11
	12	13	14	15	16	17	18	19	20	21	22
	23	24	25	26	27	28	29	30	31		

HÁBITO	1	2	3	4	5	6	7	8	9	10	11
	12	13	14	15	16	17	18	19	20	21	22
	23	24	25	26	27	28	29	30	31		

HÁBITO	1	2	3	4	5	6	7	8	9	10	11
	12	13	14	15	16	17	18	19	20	21	22
	23	24	25	26	27	28	29	30	31		

PLANO DE ESTUDO MENSAL

PRIORIDADES

1

2

3

AVALIAÇÕES

MATÉRIA | DATA | NOTA

	/	
	/	
	/	
	/	
	/	
	/	
	/	

TAREFAS

TAREFA | PRAZO

- ☐ /
- ☐ /
- ☐ /
- ☐ /
- ☐ /
- ☐ /
- ☐ /

Lembretes semanais

domingo * ______ DIA

segunda * ______

terça * ______

quarta * __________

quinta * __________

sexta * __________

sábado * __________

COMO FOI A SEMANA?
Circule o seu humor

Lembretes semanais

domingo * ____________ DIA

segunda * ____________

terça * ____________

quarta *

quinta *

sexta *

sábado *

COMO FOI A SEMANA?

Circule o seu humor

Lembretes semanais

domingo * DIA ____________

segunda * ____________

terça * ____________

quarta * ____________

quinta * ____________

sexta * ____________

sábado * ____________

COMO FOI A SEMANA?

Circule o seu humor

Lembretes semanais

domingo * ____________ DIA

segunda * ____________

terça * ____________

quarta * ____________

quinta * ____________

sexta * ____________

sábado * ____________

COMO FOI A SEMANA?
Circule o seu humor

Lembretes semanais

domingo * DIA ____________

segunda * ____________

terça * ____________

quarta *

quinta *

sexta *

sábado *

COMO FOI A SEMANA?

Circule o seu humor

Lembretes semanais

domingo * ____ DIA

segunda * ____

terça * ____

quarta *

quinta *

sexta *

sábado *

COMO FOI A SEMANA?
Circule o seu humor

Destaques do mês

O QUANTO CONSEGUI SER INTENCIONAL NOS OBJETIVOS DESTE MÊS?

#honestidade

MOTIVOS DE
gratidão

Melhores do mês

Livros, filmes e séries

________________ ☆☆☆☆☆

________________ ☆☆☆☆☆

________________ ☆☆☆☆☆

________________ ☆☆☆☆☆

________________ ☆☆☆☆☆

________________ ☆☆☆☆☆

________________ ☆☆☆☆☆

Dados Internacionais de Catalogação na Publicação (CIP)
(BENITEZ Catalogação Ass. Editorial, MS, Brasil)

M557

1. ed. Meu plano perfeito: florescer – 1. e.d. –
Rio de Janeiro: Thomas Nelson Brasil, 2024.
272 p.; il.; 2024.

ISBN 978-65-5689-943-5 (Capa dura, espiral duplo, k-pop)
ISBN 978-65-5689-945-9 (Capa dura, espiral duplo, blossom out)
ISBN 978-65-5689-944-2 (Carteira, sobrecapa, romântica)

1. Adolescentes – Aspectos religiosos – Cristianismo. 2. Crescimento espiritual. 3. Organização e planejamento. 4. Vida cristã. I. Título

Índice para catálogo sistemático:
1. Planejamento: Organização: Administração 650.1
Aline Graziele Benitez – Bibliotecária - CRB-1/3129